店铺经营72招，外行变内行

王　梁　著

金盾出版社

内 容 提 要

本书首先给出了“实体店经营管理＝宣传×资源×技术”经营管理公式。内容根据公式而展开，全书共分基础篇、宣传篇、资源篇、技术篇、综合篇、管理篇六部分。写作手法采用了实用培训的做法，即提出观点、给出案例、内容总结。

图书在版编目（CIP）数据

店铺经营72招，外行变内行 / 王梁著．— 北京 ：金盾出版社，2017.1 （2022.1重印）

ISBN 978-7-5186-1148-5

Ⅰ．①店… Ⅱ．①王… Ⅲ．①商店—商业经营 Ⅳ．① F717

中国版本图书馆CIP数据核字（2017）第012507号

金盾出版社出版、总发行

北京太平路5号（地铁万寿路站往南）

邮政编码 :100036 电话 :68214039 83219215

传真 :68276683 网址 :www.jdcbs.cn

哈尔滨鹏德印刷有限公司印刷、装订

各地新华书店经销

开本 :880×1230 1/32 印张 :7.875 字数：198千字

2017年1月第1版 2022年1月第2次印刷

定价 :35.00元

前　言

提到实体店经营管理，我们首先想到的是一个现代化商业连锁企业在大卖场做大幅海报宣传的画面。但大型商业企业只是中国商业的一部分，与消费者生活联系紧密的是近 6000 万家的便利店、小餐馆、小理发店等实体店。这些小微企业性质的实体店用不用做营销？我们看完下面这个熟悉的情形，再来回答这个问题。

我们几乎每天都会走入这些小的实体店，在脑海中回放在实体店的购物情形，往往是许多实体店的经营者在百无聊赖地玩手机游戏，在等待顾客上门。整个购买过程，基本就是购买、交钱的过程，没有任何创造二次消费的举动。目前，从理论上说所有的商品都可以通过电子商务来交易，实体店经营者如果只是懒汉种地，撒上种子就不管了的话，绝大部分实体店在电子商务面前只能赚些辛苦钱，靠延长经营时间（许多店面的经营时间长达 16 个小时）、增加服务等来盈利了。因此上述问题的答案为实体店一定要做营销，即使是很小的店，也必须主动给顾客一个购买的理由，否则就会沦落为守株待兔式的经营。

如果我们把每一次的销售当作下一次销售的开始，争取顾客的二次消费，随着顾客的增多，我们对于经营的理解越来越深，那么我们经营实体店会因为踏对了每一个经营节拍，而感觉越来越轻松。

对于实体店经营（营销），笔者曾访问过不少店主或者店长，他们往往将店面生意的好坏归结于选址的好坏。准确地讲，选址确实是店面经营的一个重要条件，选址差的店面，就像一款质量有问题的商品，就是把营销做得再好，营业额都难于提高。但好地段、好位置是有限的，还有大量选址一般的店面，这些店面怎么办？据笔者的观察，大多数店铺经营者做销售是一把好手，但是对于做市场（营销）确实不在行。许多店面经营者对营销的理解很片面，往往只是局限在价格打折、买一赠一等产品优惠上，形不成体系。这样实体店经营容易偶尔出现市场热销，接下来做什么、怎么做，往往没有头绪，但如果能够建立一套实体店的经营管理体系，情况就会大不一样。例如把实体店作为一个社区服务中心来定位，这样可以从服务中心的角度来进行场景设计、宣传推广、产品采购、员工培训，从多个角度来强化、打造社区服务中心概念，这样实体店可能就会像一个吸铁石成为顾客聚集的场所，而不单单是一个卖货的场所。

另一方面，实体店的管理也是每一位经营者必须要面对的问题。怎样才能有效地激励员工？怎么更好地处理客诉？怎么培养团队意识？在本书写作的调研中，我曾遇到一位有心的店长，为了培养团队意识，曾订立了值日员工为大家泡柠檬水的制度。小小的一个活动，几乎没有什么成本，但贵在“用心”做事，而带来的效果很明显。她所接的这个原本一盘散沙的门店，通过一系列活动，团队凝聚力大大增强。作为管理者都知道，管理者的职责是通过别人来完成工作目标的。因此实体店的管理是实体店经营这枚硬币的另一方面。

实体店创业需要勇气，但是单单靠勇气是不够的，实体店经营管理更需要智慧，笔者通过日常的思考与观察写下了本书供各位店主参考。本书采用杂文的写作方法，书中的文字来源于笔者日常生活中所听、所看、所想，未必成理论体系，但是整体文字源自事实、细节，以及足够真诚与用心的思考。希望本书能够成为各位店主经营管理中的参谋！本书配套有微信公众账号，读者可扫码观看书中提及的视频并就自己实际经营管理中遇到的问题与笔者交流。

本书服务微信公众号：

经营管理参谋

CONTENTS

目录

基础篇（1–11 招）

宣传篇（12–18 招）

资源篇（19–31 招）

技术篇（32–57 招）

经营技术（32–42 招）

管理技术（43–57 招）

综合篇（58–72 招）

基础篇

1–11 招

第一招　经营管理三心法

实体店经营管理中，陈列、客人、服务态度、商品、促销等方方面面都要管，怎么才能确保实体店经营管理实践中思路清晰、面面俱到，没有遗漏呢？当然阅读经典管理书籍、市场营销类书籍，是可以找到答案的。但要想高效率的、系统性思考实体店经营管理的林林总总问题，还是需要一个简洁的、框架性的工具。根据笔者的观察、经历与思考，笔者认为实体店经营管理可以用一个公式进行归纳总结：

实体店经营管理 = 宣传 × 资源 × 技术

下面就对这一公式进行说明：

宣传：是指实体店与顾客进行的有效沟通，通俗的理解可以理解为“怎么说”。检验沟通是否有效的重要标准，就是看顾客在听了或看了实体店所做的宣传后，是否会产生行动。要想让沟通有效，需要有打动顾客的宣传。实体店所做的宣传要和顾客之间有关系。比如 2013 年的夏天，仿照在澳大利亚的营销动作，可口可乐在中国推出可口可乐昵称瓶，昵称瓶在每瓶可口可乐瓶子上都写着“分享这瓶可口可乐，与你的 __________。”这些昵称有白富美、天然呆、高富帅、邻家女孩、大咖、纯爷们、有为青年、文艺青年、小萝莉等。这种昵称瓶迎合了中国的网络文化，使广大网民喜闻乐见，于是几乎所有喜欢可口可乐的人都开始去寻找专属于自己的可乐。而对比不停找明星代言的百事可乐，虽然都是一线巨星，但这些巨星在目前崇尚个性的时代，虽然明星靓丽，但与我何干。百事可乐的业绩一路下滑，也就不足为奇了。

资源：是指能让实体店制造稀缺感并可被利用的有形的或无形的事物，可以理解为“怎么想”。一个事物能否成为资源，很大程度上取决于当事人的想法。例如，新加坡在发展初期，想搞旅游产业。新加坡的旅游局局长，出国四处考察，借鉴经验。回到国内后，向当时的总统李光耀汇报说，我们搞不了旅游。因为我们既没有像中国、欧洲那样悠久的历史、数不胜数的文物古迹，也没有像美国那样高度发达现代化，我们只有阳光、海滩。李光耀总统说，有阳光、海滩这就够啦。果不其然，新加坡打阳光牌、洁净牌，在没有传统旅游资源的条件下，一样成为旅游胜地。在实体店经营中，商品只有稀缺，才会成为资源、吸引大家的注意。就实体店所拥有的有形的、无形的资源来看，换个思路，就会变劣势为优势，有形资产成为无穷无尽的资源：独特的商品、有竞争力的商品、充满干劲的员工、资金实力、人力资源等。实体店所拥有的无形资产一样可以成为资源，如店面所在的地段、时间、多年形成的商誉等。比如国窖 1573 酒，如果没有用 1573 这个历史资源为国窖酒做背书，它是永远不可能成为高端白酒中的一员的。

读者可以对比一下：茅台酒和国窖酒，当听到“国窖酒”这个名词时，只能让人感觉是山寨或者是自己在吹牛。但是“国窖 1573”，在“国窖”背后加上“1573”后，这种历史的厚重感觉，让国窖酒一下子就进入了稀有珍品的行列。

技术：技术包括管理技术、营销技术、运营技术，可以理解为“怎么干”。如果实体店开展电子商务，还包括电子商务运营技术和开发技术。为什么在这里谈技术，而不是科学呢？科学是提出一个假设，然后通过实验来证实这个假设。而技术却是为要实现一个目标，为实现这个目标而所采用的任何合理合法的手段。这些合理合法的手段积累起来就是经验，行使这些经验的目的就是为了增加顾客购买的概率，降低实体店经营的不确定性。笔者曾见过一个烟店，这个烟店同大多数烟店一样，都是从烟草专卖局进货，按理说没有什么过人之处。但这个烟店每年都会更换它的店名，在主门头店名下面加一个说明“老太太烟店（主门头）——在此经营 ×× 年”，每年都会增加年份。笔者见到它的时候是 2000 年初期，那会是“在此经营 14 年”。这种靠年头积累，变成类似老字号的做法，就是一种经营技术。对于一个烟店，香烟的真假就是生命，如果能连续经营这么多年，顾客对于香烟真假的心理纠结，就算过去了。这个案例就是说明利用对顾客心理的了解，知道顾客心理的痛点后，采取的一种针对性做法，就是一种经营技术。

第二招　可化无形为有形

在上节中，笔者给出了实体店经营管理公式：实体店经营管理＝宣传 × 资源 × 技术。下面用一个例子来说明这个公式的使用，可化实体店经营管理无形的方方面面为有形。

这是一位来自山东东营的一封学员来信：

您好王老师，我一朋友现在经营一个婴幼儿游泳馆，主要业务是由专业教练教授 0 到 6 岁婴幼儿游泳基础，与传统孩子玩水泡澡的游泳馆有本质区别，开业一个多月业绩尚可，但是目前遇到一个问题是大多数家长喜欢让孩子周六日来店游泳，而周六日毕竟课时有限，不可能满足所有家长的需求，现在不知道有什么好的方法让家长愿意在周一到周五来店游泳，敬请王老师指点迷津。

利用实体店经营管理公式分析如下：

项　目	公式分析过程			
资源	周一至周五时间段资源能否降价？	周一至周五经营资源能否开展联合营销合作？比如和幼儿画画、摄影等机构合作，为他们提供会员服务？	周一至周五游泳的人少，工作人员能否正好调班休息或者安排外出宣传业务？	周一至周五人少，是否可以举办“手拉手”活动，允许全价者免费带一位小朋友来游泳。
宣传	如果幼儿游泳是天天坚持好，是否可以加强这点的宣传？	总结我们的经营理念“爱孩子，就要从具体的事情开始”。	实体店的一些优惠活动。	游泳手拉手。
技术	幼儿游泳为个人消费，因此要注重社区宣传，可以选择最原始在的社区张贴广告的方式。	现在手机已经成为人体器官了（离不开手机），在张贴广告之际，一定要设立实体店的微信公众号或者店主微信的二维码，和有兴趣的顾客建立连接。	取得与家长们的网络连接后，可以推广我们的经营理念“给孩子爱要从具体的事开始”、一些优惠促销、店面活动等。	

有了上面的分析例子，来解决两个问题（这两个问题也是学员来信中提出的）。

问题 1：一位做油漆的地区性业务经理问怎么能迅速铺货。这位学员的来信背景材料介绍的很少，因此我从白手起家打市场的方式来分析，也就是说厂家只是雇佣他，给不了他太多的市场资源来做铺货。

项　目	公式分析过程			
资源	有货源	有体力	周一至周五工作日	对油漆的了解
宣传	和欲铺货的实体店沟通，每周免费给这家店工作一天，帮这个店理货，打扫卫生或者进行油漆知识培训。交换条件为：需要进他的货。			
技术	人际沟通技术，开展市场调研，借机可以摸清这家店的类似工程队的行业客户。			

问题 2：一位开租车店的店主询问怎么能快速打开市场。

项　目	公式分析过程			
资源	有小汽车	开通微信公众号	全天工作日	雇佣司机
宣传	“每周一免费租车”或者“每月店庆日半价租车”。			
技术	1. 去社区张贴广告，瞄准大众居民市场。 2. 雇佣司机跑滴滴专车，赚取现金流。			

这个实体店经营管理公式，需要的是日常多琢磨、多联系。遇到经营问题时，不妨就像这样拿出一张白纸，来梳理一下看看自己拥有什么资源，在这些资源上考虑如何展开。

一枚硬币有正反两面，同样这个公式也有另一面，那就是顾客是怎么看实体店的经营的。也可以用一个公式来表达：

（销售主张）+（产品卖点）+（场景设计）+（价格吸引）+（促销活动）= 成交

顾客所看到的表面上是实体店经营管理公式的【宣传】，主要是“怎么说”。顾客是通过什么方式知道实体店的这个【宣传】，就是【技术】也即是“怎么干”。而以上两点的核心基础为【资源】，怎么想。

第三招　经营要出奇妙招

在培训中，经常有学员向我咨询实体店经营的问题。对于实体店经营，我个人认为犹如逆水行舟，不进则退。实体店经营必须要坚持持续的经营微创新，积累的多了，可以换取更大的创新。否则如果经营创新停滞不前，经营就存在危机了，不是容易被竞争对手超越就是自己在心里不踏实中经营。大的创新、革命性的创新一般难以达到，但微创新如果用心还是比较容易实现的。

如何进行微创新？在多次与学员沟通中，微创新的障碍往往源于思绪的混乱，好像哪个点子都可以也好像都不行。如果有一个思维的框架，按着框架来整理思路、整合所见所想，经营的微创新就好像等在那里为大家所用。这个思维框架就是“店面经营创新公式”。这个公式可帮助大家从杂乱的想法中归类出马上可行可用的点子；也可以在缺乏经营思路的荒漠中培育经营创新的幼苗。

实体店经营创新公式：

（1）实体店经营 = 宣传 × 资源

（2）实体店电子商务 = 宣传 × 资源 × 技术

宣传：实体店对外宣传的文字、语音、视频、图片……

资源：独特的商品、有才华的员工、媒体资源、地段、时间、其他可利用的稀缺资源。

技术：这里的技术是指互联网应用技术、互联网开发技术。互联网应用技术为利用微信、百度、微博、QQ 等互联网平台的能力，实现与顾客的连接并完成全网营销的推广。互联网开发技术，专指开发互联网应用的互联网编程技术、硬件配套技术。

我仍然用上篇“婴幼儿游泳馆”的例子来说明如何开展微创新。经营管理可以从店铺经营管理 = 宣传 × 资源 × 技术，公式中宣传、资源、技术的三个变量来考虑，比如：

宣传角度：利用店内的空间，宣传平时来游泳可以加送保健操、游泳水更清洁、平时来价格优惠，平日来可多带一个朋友、家长免费喝咖啡等传送给予顾客好处的信息；

资源角度：鉴于平日客源少，建议联合营销，与一些幼教机构、幼儿摄影机构合作，相互提供免费体验的机会；购置水下照相机，可平日免费让家长租用；

技术角度：利用“技术”先和各位客户建立连接，如建立微信群、微信公众号。建立起与客户的信息连接通道后，利用信息技术推送平日礼券；鼓励客户朋友圈分享店内信息，分享者获得折让金；营造一些消费场景如平日免费租用水下照相机等。利用信息技术是店面经营的一个必备能力，可以说信息能力将会决定信息社会中实体店经营的效率高低。由于有了与顾客的连接，不论是广告促销信息推送还是顾客个性关怀，都成为现实。

从这三个角度入手来考虑问题，可以发现冒出来的各种点子让思绪不再混乱，这些点子分门别类的装入三个角度，在整合后反而会激发出更好的想法。

第四招　顾客聊天是调查

你吃到过印有字的馒头吗？看看右图，馒头的底部有“老范家”三个字。

图 1　印字的馒头

这个有字的馒头很好地说明了，品牌与商标的最初含义。品牌的英文为 Brand，最初的含义就是为了区隔与竞争对手的产品而在商品上打上的烙印。这个“老范家”馒头上有烙印，从逻辑上推理这个馒头的质量应该不错，只有质量不错的商品才敢于把自己的牌子亮出来。那这么好质量的馒头，会有一个好的销量吗?

事实上，这个馒头卖得一般，在早市上，这个品牌馒头并不比普通馒头卖得好多少，最终的市场效果使这个范姓商家挺受刺激，难道是劣币驱逐良币，劣馒头驱逐好馒头?

卖得不好，这是一个结果，找原因还是要从过程来入手。从营销的过程来看，营销是一个系列过程，包含以下动作：产品概念提出、市场调查、产品开发、产品定价、产品试销、正式销售、市场推广、售后服务、客户回访、产品调整。从这个定义出发，基本就能判断“老范家”这个高质量的馒头卖得不好的原因了：缺乏市场调查，出现了产品与市场不匹配的问题。早市的消费心理是重视产品的新鲜、方便、低价而不太重视产品的品牌。“老范家”馒头该怎么办?

开展市场调查这么重要，可对于一两个人的小店，没实力做市场调查怎么办？首先来看看开展市场调查的作用。

市场调查最大的作用，是让自己相信自己选择的是正确的。这一点和病人吃药一样，药能否治疗病人的病，首先取决于病人多大程度上相信这个药能治好他的病。由于自己相信自己的选择，在营销中不断优化，不断调整产品，不断匹配最合适的市场，自然就找到了突破口。“老范家”馒头，如果做了市场调查，消费者如果肯定“老范家”这高价格下的品质，会坚定老范在早市上卖馒头的信心。

从这点看，在经营之初做市场调查的作用是让自己坚定信心。上文提到了营销需要不断优化，而优化的基础就是在经营中开展市场调查。这个市场调查相当重要，对于服务行业，由于产品本身技术壁垒低，能提高竞争实力的就是提供卓越的服务，这个市场调查的作用是寻找营销优化的方向、激发经营策划的灵感，进而提供卓越的服务。一两个人的小店在日常经营中，要考虑货源、存储、运输、收款等很多方面的事情；但人的精力是有限的，把注意力放在了运营上，在策划上、品牌建设上就很难有精力了，劳累了不愿意去想也没精力去琢磨。但利用市场中和顾客接触的机会，有意识地开展市场调查，是可以为我们的经营优化提供思路的。如果“老范家”馒头经营者，和顾客多聊天，把每一次和顾客的聊天当成是市场调查的机会，了解顾客购买的原因和心理，听取他们的建议。说者无心，听者有意，顾客的只言片语，也许就是一次打造“爆款”产品策划的灵感源头。要相信爆款产品可以帮助小店迅速做大，而不要相信所谓的长尾理论。举个例子，搜索技术大牛的百度，在早期的爆款产品是可以一键下载 MP3（可以理解成：下载盗版 MP3 特别方便），如果不是这一爆款产品，我们在 2003 年时用 Google、搜狐、新浪搜索用得好好的，干吗换百度。虽然当时搜狐、新浪提供搜索技术支持的是百度，可作为使用者的网民，并不关心是谁来提供技术的。

网店经营中，好产品卖得不好的现象更严重。网络上产品同质化太严重了，上了天猫商城就会发现天下的乌鸦都是一个色，“三只松鼠”和“百草堂”卖的干果产品是雷同的，让笔者都以为是一家公司。所有营销性质的网站需要解决的就是坚持消除消费者的疑虑。网络购物不仅仅是一种购物形式，而是一种生活方式，因为更加自由和方便。但和实体店购物不一样的是，网上购物看货、付款、交货是分开的，货物的质量只有在收到货物后才能确定。只有服务，是最先可以确定的，因此，在下单之前，通过服务让顾客接受你。

网店店主的经营价值观就是网店提供服务的核心。经营价值观就是一个人认为经营中什么最重要。网店所提供的服务本身就是网货产品的一部分，会真实地体现经营者的价值观。价值观的作用，和本文开头提出通过市场调查“让自己相信自己的选择是正确的”作用一样。由于是自己相信，自己就会坚持，创业的成功往往源自坚持。

我们以四川米易的水果西施（网名）为例。米易的气候应该是非常适合植物的生长，从所在地区“攀枝花市”就能猜出来。笔者百度了一下，名字中带“花”字的地级城市只有一个攀枝花。既然是适合植物开花，自然也适合结果。水果西施经营的价值观和她本人一样，简单真诚。她的经营价值观就是“（简单）卖好水果，（真诚）卖好水果”。为了卖好水果，她亲力亲为去采摘，为了卖好水果，又亲身去研究快递包装，研究适合做网货的水果品类，而不是不管不顾什么都做。水果西施目前需要做的就是践行她的价值观，宣传她的价值观。

实体店可以在开展实体经营的同时叠加网络业务，如果你想践行自己的价值观，可以做产品的微商代理。作为代理，需要做的就是践行自己积极的价值观、宣传自己的价值观。

第五招　店铺要办电视台

2016 年父亲节前，有一个关于父亲节的视频。这个视频为陕西泾阳供销电商团队的“爱要说出来”2016 年父亲节宣传活动。看得我是既感动又傲娇：感动的是触动了我心里最柔软的部分，我几乎没有向父亲表达过爱意，这个视频让我感觉很惭愧；傲娇的是这个视频是我们所培训的学生做的，并且秉承了笔者极力推崇的“不花钱做市场”“用迎接考试的心态来做市场”“勇敢向前冲”的思想与行动。

不花钱做市场——互联网时代，企业要把自己当作电视台。

我们先来看一下大名鼎鼎的“罗辑思维”。目前“罗辑思维”已经完成了 B 轮融资，企业估值近 13 亿。“罗辑思维”的成功，固然与“罗辑思维”的掌门人罗振宇超强的口才和逻辑能力有关，但现实中“好酒也怕巷子深”，好产品如果没有好的传播仍然难有好市场。“罗辑思维”的早期品牌传播过程中，有效利用了“文字、语音、图片、视频”，特别是对于视频的应用。“罗辑思维”

的成功与擅于利用视频传播是分不开的。每周一期的“罗辑思维”，在各大视频网站上的观看率高达百万之巨。罗振宇是从中央电视台辞职的，虽然辞职了但利用视频传播仍然是他的看家本领。互联网上信息是最容易传播的，视频又是信息中最容易传播的。互联网给了我们一个自媒体时代，企业要把这个自媒体时代变成自己的电视台。企业要自己制作视频节目，如果这个视频能感动制作者本人，那一样可以感动观众。把这个视频推送到互联网、移动互联网上，本身就是不花钱在做市场、做品牌建设的工作。

用迎接考试的心态来做市场——借助低成本市场活动，向盈利高地发起冲锋。

一个巴掌拍不响，市场有卖方也有买方。一个卖方眼中的好产品卖不动的原因可能是消费者不了解、消费者缺乏需求、购买力不够、经济大环境不好导致个人消费意愿不足等诸多复杂原因。我们作为卖方很难去判断具体的原因，我们能做的就是像迎接考试，不是去猜题、押题而是认认真真的复习、锻炼身体、注重个人营养与休息。做到上面这些，想成绩不好都难。结合电商企业而言，电商企业照猫画虎容易，但找到自身的盈利点难。盈利模式的发掘与形成，需要的就是团队不停地借助市场推广活动，向盈利高地发起冲锋，做各种的尝试，一旦发现了某个突破点，坚持下来、固化下来，自然就形成盈利模式了。

易到用车公司的盈利模式除了正常的参与汽车租金分成外，高额充值送大礼的活动应该也是该公司的一个盈利点。充 2100 元送一部乐视 2 手机、1500 元送一部乐视 1S 手机（乐视 2 手机的市场价为 1400 左右、乐视 1s 手机的市场价为 1200 元左右），不但间接带动了乐视手机的销售，还直接完成了资金沉淀。这一天的高额充值活动，在易到用车沉淀的资金就高达 4000 万元。这

4000 万元如果放到银行做短期理财，按 6% 计息，月净收入为 20 万。易到用车能利用高额充值盈利这一点，我个人猜想就是借助“充值数额远大于礼品价值”这种方法，应该是在不停地做市场推广中无意发现的。也就是我们所说的成功的商业盈利模式是靠大规模试错找到方向的。

互联网时代，市场推广实质上就是一次次事件营销，凭借互联网打造自己的电视台，事件营销为自营电视台在网络上传播的内容。借助传播曝光的同时完成人群聚集，一旦形成了人群在企业身边的聚集时，人群就会产生对企业产品或服务的需求，就有可能发掘出企业的盈利点。

笔者建议店铺可以向电商企业学习，创办自己的电视台，不但有助于经营宣传，还能培养有能力的员工从而实现盈利模式的升级。

第六招　分文不花好方案

作为市场开拓人员，往往会抱怨“没有市场费用支持，产品价高质次”。我们会不停地抱怨，就像我们年轻时幻想自己会富有，幻想自己会改变世界，如果只是想，结果是什么都不会发生，连自己都改变不了。正如现实生活中，没有多少人是白富美、高富帅。留给我们能做的事情就是立足现有条件，开发自己的创意。

我们要培养自己在有限条件下的创新能力。莎士比亚能写出经典作品，源于他总是规定自己用十四行诗来表达自己深邃的思想。由于十四行诗的限制，这逼迫他只能自己去创新，去精妙的构思，精准的表达，这样反而成就了这位大文豪。

在做创意策划时，我们要主动给自己限制条件。只需少量的人工和费用投入的方案最具有执行力。就像那个著名的扩大牙膏销量的案例，不是靠投入重金做广告，也不是终端的强势促销，而是把牙膏口扩大一些，由于使用量增加，牙膏的销量就增加了。这个点子是立足于使用量，而不是销售量。

我们在进行市场策划时，往往需要限制条件。如果满足限制条件了，那这个创意往往会有执行力与艺术力。

下面我们列举一些几乎不花钱的经典案例，这些案例均为笔者在实际生活中观察所得，供读者参考。

1. 购物奖彩票。社区超市，只要购物即送中国福利彩票一张。面值两元。这个活动简单，还有一个很好的噱头。

2. 某餐饮店直接发送短信，祝贺你的生日，并奉送生日礼金 50 元。此 50 元不做任何附加条件，可以在本店消费。

3. 夏天店面免费给客人提供冰水，冬天免费提供热水。

4. 社区的门卡就是超市的购物充值卡，这个社区门卡的充值可以和银行联营，然后到超市享受折扣。

5. 超市送货服务，塑造差异化，不设起送标准。

6. 雾霾天送普通客人口罩，做企业形象宣传；会员充值送净化器，做促销推动和回馈老顾客，可以贴出净化器图片，等达到条件的充值会员出现后，再在网上下单购买。这样做的好处，既不占用资金，又能带动销售，回馈会员。

7. 借助一些人流集中渠道，作为我们的宣传平台，比如超市的收款台；再设计一些功能性的卡片，摆放在那里，例如把地铁换乘图印刷在宣传卡片的背后。

8. 店面开展陈列比赛，让生动的陈列来吸引客人，这样也可以提高员工的技能。

我们在为这些创意叫绝的同时，可以做如下的总结：

1. 所谓的不花钱做市场，其实质就是更好地整合资源。这就要求店长要从三维层面来看原来的平面，店长更像一个资源整合者。比如，GAP 店面搞的抽到几折打几折，并不需要有什么额外的促销物料，并在消费者抽打折券需要登记自己的手机，也正好完成了客户信息的收集。在实体店做活动时要有两个出发点，一个要考虑怎么花钱少，另一个要考虑怎么执行简单。只有花钱少、活动设计简单的促销活动才会有执行力。

2. 不花钱做市场，需要更好地了解人性。商业活动的成功一定是符合人性的，而所谓的人性就是客人可以得到他所认为的好处。比如上例的超市送货差异化，不设起送费。由于没有起送费，消费者讨便宜的感觉在先或者感谢的心理在先，对于该超市货品的价格也就由于心理平衡而不在意了。相反如果设了起送费，客人的关注点就是这个起送费，起送费总会让消费者觉得这个钱是额外的，花的不值。这样反而不会购买了。但这家店反其道而行之，不收任何送货费用，消费者的注意力就从外送费上，转移到自己的需求上了。而消费者的需求一旦自己唤醒，那购买的动机是非常迫切的。

第七招　打造生态盈利圈

2014 年年度大事盘点，肯定离不开阿里巴巴赴美上市的这一重要历史事件。仅仅 15 年，一个巨型企业横空出世。谈到阿里巴巴的成功，马云说，阿里集团是打造了一个生态链。在这一生态链上有卖方、买方、有支付体系、监督体系、服务体系、物流体系等，由于这一生态链的打造，才有了今天的阿里巴巴。

我住的社区有四家便利店，这四家便利店其中的一家，不论是客流量还是口碑都远远超过其余的三家。其余的三家有两家是著名连锁的便利店，另外一家是进口食品专卖。我们分析这家无任何先天优势便利店的成功，不难发现是因为其生态链打造的成功。

这个便利店不是连锁，只是一个单体店，它没有先天的品牌优势，但它与对面的那家连锁便利店不同的地方有两点：

图 2　天天运来超市

1. 经营品类上的生态圈

在小店的入口处有两家店中店。一个是现场制作主食、另一个是卖副食（熟肉 + 凉菜）。进入店中，左手是一个电子产品维修点，右手是收款台。这个便利店自身经营的是日用品百货超市 + 拉卡拉网络服务终端。我做了仔细观察，这个小店超市 + 主食 + 副食 + 电脑维修服务 + 拉卡拉网络终端，形成了对于附近住户强大的黏性。虽然对面的连锁便利店价格更便宜，但对于上了一天班疲惫不堪的城市一族而言，在这里可真正形成一站式购买：啤酒、半现场制作的熟食卤肉、凉菜、现场制作的主食，晚餐就这样解决了。这个晚餐的质量可不比单身一族自己在家做的差，价格也不见得贵。对于拖家带口的家庭而言，这个店生态圈提供的产品也是让自己的生活方便不已。我曾想马路对面的竞争对手要是也构造这个生态圈，会是什么结果？这个生态圈也可以理解为一个一站式社区生活购物平台，主食、副食、常用日用品百货全部都有了，给消费者带来了方便、省心。

2. 店内管理的生态圈

让笔者赞不绝口的还有这个店层出不穷的经营点子。这个店开展电话送货服务，没有起送标准。我曾做过尝试，1 元钱的东西，这家超市也欣然接受订单。为了吸引更多的人在店里购买，这家便利店还搞了会员卡活动，在店里购买可以享受会员价，这样就有了购物方式的区分。我由于职业的原因，对于这个店做了仔细地观察与调研。因为这家店本身卖的产品并不便宜，为啥店面经营的红火程度要远超不论是规模、货品、价格都占优的连锁店呢？答案从这家店的员工工作的积极性就可以看出来。我曾与该店的老板做过交谈，他讲他会利用大家的智慧，听取大家的合理化建议。由于该店开展的电话送货活动，可以直接接触到顾客，他愿意听取送货员们对于由于接触客人而激发的合理化建议。中国人民大学喻国明教授曾说过，最好的企业管理就是形成生态圈，每个人都有自己的价值。在这家店送货员既有大嫂、也有妙龄小姑娘，还有膀大腰圆的小伙子送大件，由于这个平台集合在一起，发挥了各自的价值，反而成了一个战斗力极强的集团军。

本着这个思路，我建议店长在经营管理上要注意生态圈的打造。内部管理上，要让每个人都能发挥自己的特长；经营上，提供的商品、服务要形成一个完整的生态圈。如果是一家定位于卖钻石的商场，笔者就建议老板最好把婚检机构、钻石保养、婚庆服务、钻石售卖整合在一起，形成一个完整的生态圈。

第八招　经营要看大数据

拥有一间店铺是许多人的梦想，因为可以按照自己的意愿来做事，享受到工作自由的感觉。工作自由的感觉不是想做什么就做什么，而是当事人在工作中有不做什么的选择。如果想要创业的话，下面一些行业内的经验数据需要掌握。

1. 进店交易率

一般而言每个行业都有自己的进店交易率，像服装业的交易率是 10%，零售店的交易率是 12%。以服装店为例，这意味着每天有 100 个人进店，服装店的合理交易量就是 10 个人。如果要开展网络营销，网络营销的交易率会更低，一般会在 5‰以下。

2. 进店率

通常终端门店的进店率大约在 5% ~ 10%，即门店门口日均有 1 000 人路过，只有 50 人会进店看看。如果某个店的理论交易量为 10 个人，那么投资者要想做到盈亏平衡，所选区域的客流量至少要达到日均 2 000 人路过，低于这个数字根本不会盈利。

3. 开一家便利店要多少钱

投资一家 50 至 70 平方米的便利店，一般需要 20 万至 30 万元的资金，主要花费在实体店的装修、购买各种设备，以及货物等。房屋的租金因地段的不同各异，平均来讲，一般 200 至 300 元 / 平方米。在管理方面，因为要 24 小时经营，因此一般需要工作人员 8 到 10 名左右。

4. 消费者在便利店的消费金额

在每间便利店每次花费在 20 元以内的消费者占 68.2%，40 元以上的仅有 8%，基本上没有超过 100 元的。因此，便利店要做好，必须从小处做起，做好每一笔生意。

5. 便利店的货架设置及陈列原则

货架的高度应当照顾到众多的家庭妇女的需要，中心货架不应高于 165 厘米，最好不要超过 6 层。同时要注意对端头货架的利用，因为这是门店的黄金点（见图 3），顾客在这些地方驻足的时间最长，应摆设一些高毛利的畅销商品。在陈列商品时注意“二指原则”，与上隔板之间应留有 3~5 厘米的空隙，让顾客的手容易进入，并方便放回原处（见图 4）。

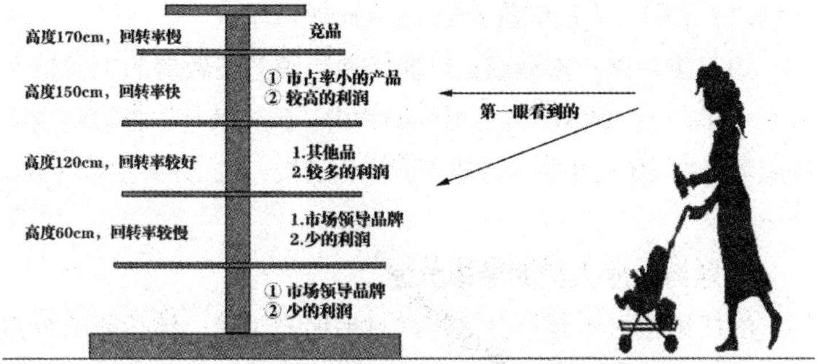

图 3　货架的商品摆放

图 4　端头陈列及二指原则

6. 餐饮、酒店人员配备

如果想涉足餐饮，除了房租、装修外，人员的配备也是需要考虑的重要因素。零点餐厅一个服务员可以接待 20 人左右；团体、会议餐厅则可接待 30 ~ 40 人；宴会厅每人只能接待 1 桌客人；最高档次的西餐包房， 每桌就需要配置 2 名服务员。如果一个有着 200 个餐位的中餐厅，那一班服务员就需要 10 人左右，考虑需要调休、请假，人员配备要到 15 人比较合理。

如果想开设一家酒店，行业内客房服务员做房的工作量为每天 8 ~ 12 间。如果酒店有 100 间客房，就大致可以推算酒店需要的服务员为 10 人左右，考虑到调休、请假，在 12 人左右为宜。

7. 电商客服人员的考核数据

依托第三方电商平台进行产品销售的店铺，都必须要有客服这个岗位。另外随着互联网 + 的不断深入，实体店也在充分拥抱互联网，也会设置网络营销岗位，走线上、线下融合的道路。如图 5：

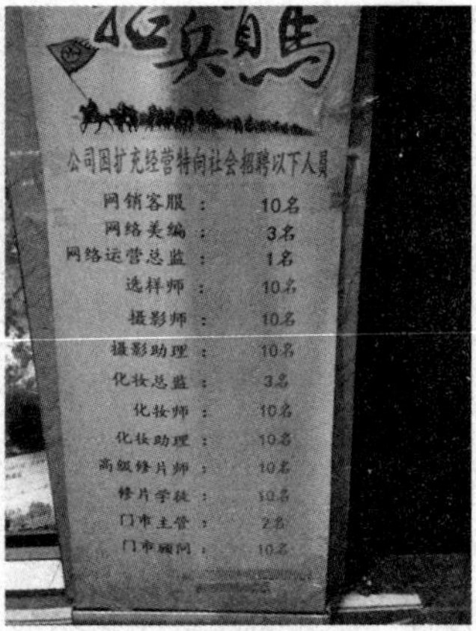

图 5　传统摄影店设立的电商岗位招聘

电商客服岗位职能类似于实体店铺的导购。对于电商客服的考核有一个重要的考核依据，就是咨询客人的转化率。这个转化率高于 50% 是合格的客服，如果低于 50%，比如为 30%，这个客服则需要培训继续提升，如果这个转化率还要低，那就说明这个电商客服不能胜任这个岗位，需要考虑转岗或者辞退了。

第九招　店员工作有流程

员工流动率比较高，是实体店需要面对的问题。把每日工作主要动作形成工作手册，是快速培养新员工岗位技能的方法。下面附上便利店主要工作岗位的工作动作表供实体店经营者参考使用。鉴于便利店的工作内容可以涵盖绝大部分实体店正常运营、接待、服务顾客的动作，具有非常高的参考意义，读者可以根据自己店铺的实际情况加以调整制作适合自己店铺的一日工作流程表。有了这个工作流程表，就不用怕员工离职了。新来的员工先熟悉工作流程表，按照工作流程表来开展工作很快就可以上手。

1、营业流程表

班次	序号	工作内容	完成情况		店长检查	
			收银	场员	合格	不合格
早	1	仪容自查，穿工衣、戴工卡、签到、明确工作重点。				
	2	办理交接班手续，并检查到保质期商。				
	3	检查收银机时间是否正确，熟食设备保温是否正常。				
	4	收银员补充物料及收银台附近商品。				
	5	收银员清洁收银台、电脑、熟食台，在熟食销售高峰，注意补货。				
	6	检查卖场卫生及货架商品标签、促销商品优惠卡及库存情况。				
	7	登记缺货两次以上的商品及近保质期商品。				
	8	检查室内温度，开启立柜，清洁货架，对标签。				
	9	来货收货、上架退货并整理库存商品。				
	10	清洁店内外卫生及门口摆放的桌凳垃圾桶。				
	11	注意看场补货服务，特别是销售高峰期要保证服务和货品安全。				

	12	员工午餐时间（可轮流换班就餐）。				
	13	巡视全场检查商品销售情况，并做商品整理。				
	14	根据销售情况理货补货报货，调整上下限工作。				
	15	将重点工作登记于交接班簿，做好交接班工作。				
	16	店内经营，注意并防范盗窃、诈骗。				
中	1	仪容自查，穿工衣、戴工卡、签到、明确工作重点。				
	2	办理交接班手续，并检查店内温度。				
	3	检查收银机时间是否正确，熟食设备保温是否正常。				
	4	收银员补充物料及收银台附近商品。				
	5	收银员清洁收银台、电脑、熟食台，在熟食销售高峰注意补货。				
	6	检查卖场卫生及货物、商品标签并进行清洁，检查近保质期商品。				
	7	整理全场商品，补货，变价、物料、熟食商品报货。				
	8	清洁店内外卫生及门口摆放的桌、凳、垃圾桶。				
	9	开启所有光管、招牌、灯箱，员工晚饭时间。				
	10	销售高峰，注意看场，清洁，服务。				

	11	搞好下班前卫生工作，关大灯箱。				
	12	店内经营，注意并防范盗窃、诈骗。				
	13	将工作重点记于交接班簿上，办好交接班各项手续。				
晚	1	仪容自查，穿工衣、戴工卡、签到、明确工作重点。				
	2	数据交换，销售高峰注意看场，补货并整理商品，服务。				
	3	检查卖场卫生及货物、商品标签并进行清洁，检查过期商品。				
	4	清洁玻璃商品架、熟食设备，整理仓库以及退货商品。				
	5	清除雪糕柜冰块（每周三次），清洁空调（每月 15、30 日）。				
	6	天花板、光管、风扇卫生（每月 10、20、30 日）。				
	7	冲洗店外地板（每周一）。				
	8	熟食制作（茶叶蛋、包子、肉串、热狗）。				
	9	关小灯箱及部分光管，巡视全场，补货。				
	10	清洁地板、垃圾桶，准备下班。				
	11	将工作重点写在交接班簿上，办理交接班手续。				
1、员工完成工作，并要在相应空格内打“√”。2、本表作员工工作考核用。						

2、收银员日常工作流程

流　程	工作内容	备　注
仪容整理	头发梳理整齐，穿工作服，佩戴工卡。	提前 15 分钟。
签　到	到签到处签到。	
交　接	清点备用金。	
	输入收银员代码，进入收银界面，把钱放入钱箱。	
	清点贵重商品、抽奖券等有关交接资料。	
	阅读留言薄、交接班本。	
清　洁	清洁收银台面及附近区域的地面、垃圾桶。	
补　货	补充包装袋、卫生用筷、竹签、吸管、汤匙等物料。	
	检查收银台附近商品（香烟、口香糖等）是否需要补货。	
整　理	整理店内必要的表格、记录本、笔。	
检　查	检查收银机、验钞机、蒸包机、热狗机，电饭煲等机器设备。	
	晚 12 点前需进行数据交换，并检查是否交换成功。	
迎接顾客	和顾客眼神接触，微笑待客，做好“三声”服务。	
顾客付款	与顾客眼神接触，并亲切地说：您好！主动询问顾客采用何种付款方式现金、刷卡、微信、支付宝并介绍有优惠的付款方式，让顾客有惊喜感。	

商品入机	对所有商品进行入机并告诉顾客：谢谢，一共 ×× 元！	
收　钱	“收您 ×× 元”，双手接钱。	
找　钱	“找您 ×× 元”，连同小票一起双手递给顾客。	
商品入袋	按入袋原则将商品入袋，交给顾客，并说“谢谢，再见！”	
退货时	将钱双手交到顾客手上，并说：退您 ×× 元，谢谢，再见！	
零钱兑换	在零钱不够充足的情况下，及时向店长兑换零钱。	
整理补充	空闲时整理及补充收银台前后的商品。	
	整理顾客退货的商品，分类放好。	
交　接	清点、登记电话卡、贵重商品、奖券等需交接的物品。	
	登记留言簿。	
	与店长一起打解款表。	
	退出收银界面，店长录入口令，打开钱箱。	
	将收银柜里的所有现金用袋子装好交给店长。	
	核对，并在营业款登记表中签名。	

3、场员日常工作流程表

流　程	工作内容	备　注
仪容整理	头发梳理整齐，穿工作服，佩戴工卡。	提前15分钟。
签　到	到签到处签到。	
交　接	清点贵重商品。	
	阅读留言簿、交接班簿。	
检　查	熟食、面包、鲜奶品质及保质期。	
	晚上灯箱按时开启（19：30）。	
	冰柜、雪糕柜的运转情况。	
清　洁	顾客少时，清洁货架及商品、雪糕柜四角、店内外卫生。	
整　理	整理货架商品、拉平商品排面。	
	商品卖出后没有库存时要及时用旁边商品填补，防止货架空缺。	
	标签和商品一一对应，缺货商品标签反面放置。	
	来货前须将退货商品整理好并装箱。	

收　货	收到的商品放在适当的位置。	
	核对送货单上店号、店名。	
	查验送货单应注意检查每项内容，有问题及时反映。	
	验收商品时有残缺、破烂、生锈等质量问题商品不应收货。	
	有差异的商品写差异单，退货商品交给配送商。	
	确认无误后签名、盖章。	
	将有关单据妥善保管好。	
上　架	商品上架前须将货架及商品用抹布清洁一次。	
	先将缺货的商品补充到货架，同时将价格标签对好。	
	若是新商品，在相同类别中挪出位置陈列好。	
	堆头商品须陈列在指定的位置。	
	若是无条形码的商品须打上店内八位码。	
	整件的商品或加货多余的商品放到仓库，勿放置于卖场。	
	平时若货架前排的商品已销售，应及时补足商品。	

服　务	参照顾客服务标准（“三声”服务）。	
看　场	巡视卖场，提高服务及安全意识，照看全局。	
送　货	接电话时礼貌询问顾客姓名、地址、电话及所选购的商品。	
	找齐顾客所订商品并入机打出小票，备好零钱。	
	穿工衣带齐商品、小票、发票（若顾客需要）、零钱。	
	送货到指定地方，与顾客核对商品及金额后收取现金。	
	回店后将收到的现金交收银员入钱箱。	
报　货	对所缺货的商品要做好登记，并上报店长。	
下班前	再次巡视全场，整理商品、补充缺货商品。	
	扫地、清洁地板。	
	清点登记贵重商品。	
	对本班未完成的事项做好登记和交接。	

说明：以上表格根据互联网资料进行借鉴、整理。

第十招　阅事阅人提见解

由于电商的冲击，现在的店面经营是越来越难做了，传统卖场价格没有优势，也提供不了有竞争力的购物体验，结果导致整个传统卖场空无一人；生意不错的新兴卖场，放眼看过去，根本上就不是卖场，而是餐饮店占了大部分，卖场变成了到处飘着饭菜香味的大楼，这就是店面经营的宏观环境的变化。作为一店之长必须敏锐地捕捉到这种商业的变化，开展营销调查研究。

营销是一种关于见解的工作，没有谁对谁错的问题，一个有见解的想法，在商业上往往会有极大的竞争力、成功的可能性高。见解一方面和人的知识面有关，另一方面和人的阅历有关，阅历包括两个方面：阅事和阅人。

阅事是指对商业环境的主动调研、用心思考。作为店长，我们是经营者，同时我们也是消费者，每天上班路上商业环境的变化；打动你心的某家店的促销手法；身边家人、朋友、同学、同事对于商业大环境的谈论；外地旅游时，让你感觉特别好的特色门店、当地没有的商业模式等，我们要把上述内容作为一个个调研的专题，找资料、弄明白、想清楚。作为有心人，思考、总结这些经验，这些经验在短期可能对一个人的成长帮助不明显，但长期这样积累下来，那就会由于用心思考，融会贯通后，让一个人彻底的脱胎换骨。

阅人是指对顾客进行调查。我们都有经验，顾客买我们的产品，最根本的原因就是因为他想买，他和我们的交流过程，是为了寻求他的验证、解决他的困惑、帮助他下定决心。顾客都知道，买容易，退货难，因此购买价值比较高的产品时，往往就是一个下定决心的过程。我们要想更好地服务顾客，就必须了解顾客的需求，开展顾客需求调查。如果我们直接问顾客：为什么买、给我们提点建议、我们店里还需要怎么改进，往往得不到什么有价值的答案。比较好的办法是，让顾客给我们讲故事，让他用一个情景来讲述上述我们想要的答案。我们可以问顾客，买这个产品计划怎么用，看看需要我们提供什么样的帮助？让顾客描述一下，他心目中最有吸引力的店是什么样子？通过顾客一个一个讲故事，店长再把顾客们的讲述提炼出来，这样的阅人过程对人的综合素质提升、见解的提高是有极大帮助的。

在此笔者推荐一个快速阅人、阅事的方法，那就是听名人的讲座。名人的讲座会在短时间内，让听众分享他的见解与经历的精华，他们深入浅出的分析代入感很强，这种代入感就是一种快速阅事、阅人。目前互联网，特别是移动互联网上有许多这样的讲座，比如下载一个叫“多听”的 APP，这个 APP 里面就会有讲座、讲坛的栏目，里面有马云、袁腾飞、比尔·盖茨、吴晓波等著名人士的讲座。俗话说，读书万卷不如行万里路，行万里路不如阅人无数，阅人无数不如听名师指点，说的就是上面的道理。

第十一招　开店创业三注意

爱人一个朋友开的店连续亏损，几乎撑不下去了，但又不甘心，因此请一干专业好友把脉问诊。我们探讨这位朋友所遇到的困境，是贷款继续投资还是放弃？这一现实的案例，激发了我的兴趣，也促使了我更深的思考。这个店和所有失败的店是一样的，没有什么特色，没什么体验，也没有让客人来的第二次理由。

创业者涉及众多的行业，在此我讨论的是租门脸，提供服务的创业者，如超市、餐饮、酒店等，我界定为门面房型的创业者。对于门面房型的创业者而言，首先需要解决的一个问题就是财务预算的问题。对于这一个问题可能许多创业者都没有仔细考虑。许多门面房创业者因为自己对原先的行业熟悉，就会以一个专业者的角度来切入创业。这时他的聚焦点往往是自己的产品，总以为自己的产品好，就会生意兴隆。这样的思考只是把问题简单化了。因为在开店的时候，我们必须做好预算，有多少预算会拿来支撑运营，多少预算拿来做营销。营销工作如果没有一个明确的预算来支撑的话，创业的店长就不会有一个系统性的思考。这个系统性的思考是第二个要解决的问题。我们回到本节开篇的案例中来，爱人朋友的店名叫“幸福肘子村”，作为经营者需要在这一整体预算下来考虑，怎么围绕他的主题来展开营销工作。一般而言，作为创业者资金都是紧缺的，这个“幸福肘子村”，如果主题是突出“村”，那店里的设施、服务员的打扮、对于客人的称呼、一些农村生活用品的展示都应该考虑进来，让进店客人有体验田园美好农村的感觉。有了这个好的感觉，客人自然就会把良好的感觉投射到整个用餐上来，认为物超所值。对于服务行业，改变与客人的沟通，是创造差异化最佳的捷径。“幸福肘子村”，从农村拉来一些设施，就会成为店里的一景；服务员像农村人请亲戚吃饭，把客人称呼为“大舅”；所用的餐具、餐桌用有农村感觉的茶缸、桌子，这些体验想不深刻都难。这一系统性的思考一定是由明确的营销预算来支撑的。否则刚开的店起初入不敷出的时候，由于没有明确的预算计划，会让经营者乱了阵脚，总以为是自己的产品有问题，像这家“幸福肘子村”，即使肘子的口味天下一绝，也没有客人天天吃肘子。但吃肘子的同时，有地道农村的体验，整个用餐体验就升值了。

第三需要注意的是门店经营者一定要接近顾客。门店是为客人服务的，可能我们最初的设想与客人的需求有一定差距，接近客人后，了解到这种差距后，需要及时调整，体现在我们的经营中。对于门店经营者而言，一定要用客人的思维来经营门店，我们眼里的好未必是客人眼里的好。笔者曾经接触过一个火锅店，这家店特别了解消费者的心理。我们国人吃饭其实对于餐具的卫生，多多少少都会有疑虑，这家店会在开始用餐之前，当面给客人所用餐具煮烫消毒。在客人眼里，这种行为就是宣传，这种服务就是用餐的一部分。门店自身就是宣传，因此要利用一切的渠道来宣传自己，如微信、QQ、招贴画、传单；体验就是关系，要从与客人拉关系的角度来思考产品、服务的提供；服务就是营销，为了把店里的东西卖出去，所做的一切就是营销，而不能简单割裂无形的服务和实际的产品之间的关系。

宣传篇

12–18 招

第十二招　关注洋节促销售

实体店宣传需要一个理由，也就是给顾客一个走进店面、购买商品的理由。节日是顾客走进实体店最好的理由。在节日气氛的影响下，人的购买欲望会被极大的激发。我们想想过年超市里购物的情形，货架前人山人海，就像商品不要钱，收银台结账队伍犹如长龙。这是我们国人过传统节日的情形，下面我们看看过洋节的情形。

现在国人对于过洋节，趋之若鹜。从情人节、母亲节、感恩节、万圣节、圣诞节，都能见到中西结合的国人过节。虽然有人大声疾呼，小心外来文化对中国文化的侵略。但在这里，我还是会和店长们讲一定要重视洋节对于销售的拉动。

我们来分析一下，为什么国人爱过洋节。过节，我们有着自己的传统，儒家文化强调的就是集体主义，尊敬长辈。春节的走亲访友；清明节的祭奠先辈；中秋节的团员之夜；即使是国家的五一节、国庆节，虽然有长假，但都是以探望老人、走亲访友等为主。

传统节日虽然也是假期不用上班，但和父母、亲戚在一起过节，感觉年轻人还是比较累的。

反观洋节，年轻人只是做字面上的理解。感恩节，要感恩，所以要买礼物；情人节、圣诞节更是要买礼物；既然会收到礼物，又有着过节放松的气氛，这就不难理解了为什么年轻人对于洋节这么推崇了。

在圣诞节人满为患的SHOPPING MALL里，其实也有不少中年人，因为他们也会有自我放松、自我奖励的需要。在此，笔者建议各位店长一定要多关注这些洋节，因为这些洋节可以更好地让年轻人过自己的节（按着自己的心愿来过，因此更注重）。

店长们需要注意的是，过这些洋节，国人有购物需求，但国人在网上购还是店里购还得我们自己下足了功夫。虽然网购会价格便宜，但它没有那种购物的体验，这是它最大的缺点。在这个物质丰富的年代，人们对于精神的消费越来越重视，因此店面一定要创造出良好的消费体验。这些消费体验一定会增加店面的销售。

传统节日往往是一种集体主义意义上的节日，需要集体过。而作为在拥挤城市生活的我们，需要一个安静的空间，过洋节就是非常好的时机。在过洋节时，宣传重点应放在想奖励自己的人身上，因此店内可以营造如下场景来拉客：

你的委屈，有人能懂吗？工作生活好辛苦，奖励一下自己！

为自己加油！

给自己一个空间！

过节总是想到父母、兄弟姐妹、想过自己吗？

常说买的没有卖的精，顾客要的是低价，商人要的是赚更多的钱，好像消费者与商家天生就是矛盾的。但实体店如果结合洋节，从顾客角度谈出顾客心里所想，顾客会觉得这个店懂他，他们之间是一类人。顾客与实体店商家之间会没有“买和卖是冤家”的对立感，进而成为同一个阵营里的人。

第十三招　起好店名夺人心

实体店经营首先需要给实体店起一个名字，也需要为自己创造一个宣传口号。这是由于一个有画面感、朗朗上口的店名与口号，便于人们的口头传播。这个口头传播，会由于不停地重复，产生一种神奇的心理现象，那就是由于重复而熟悉，由于熟悉而认可。例如，我在驾车的时候经常会听到一个关于老年人视力保健贴的产品广告，在一次回家探望父母时，听母亲讲到视力不太好时，我第一时间就想到要给父母买这个产品。如果要是做一个分析，就会发现由于重复而熟悉，由于熟悉而认可。我有以下几个心理，由于在外地未能在父母身边尽孝，子女会有内疚感；第二发现了母亲的这个需求，迅速地联想到了这个产品；第三我在想如果这个产品不好，怎么会老是做广告，肯定效果不错。这就是一旦消费者倾向于某个产品时，他就会为选择这个产品找到各种购买的理由。

有了上面的理论基础，就明白了实体店需要一个容易记忆的名字、响亮的宣传口号。我们先看看店名，在这里以便利店为例。便利店到处都有，如何让你的便利店家喻户晓，便利店起名就非常重要了。我精选了一组好听的便利店名字，供大家参考。要想起个好听、好记的便利店名字，可以翻翻古文，启迪一下思维，也可以集思广益，让大家帮你想个好名字。一个好名字的实体店也更容易注册。在这里推荐一个《字号诗》，许多知名的企业都是用这个诗来起名字的，如恒大、大润发、广发等。

《字号诗》

顺裕兴隆瑞永昌　元亨万利复丰祥

泰和茂盛同乾德　谦吉公仁协鼎光

聚益中通全信义　久恒大美庆安康

新春正合生成广　润发洪源厚福长

笔者收集到一些实体店名字，供各位参考：

1. 天天运来便利店
2. 世纪联华便利店
3. 京客隆便利店
4. 超市发便利店
5. 好邻居便利店
6. 快客便利店
7. 美特好便利店
8. 唐久便利店
9. 福士多便利店
10. 买乐 (my love) 便利店
11. 好乐捷便利店
12. 欧可 (OK) 便利店
13. 嘟咕噜便利店
14. 七巧屋便利店
15. 飞得高便利店
16. 多又好便利店
17. 快易家便利店
18. 美佳乐便利店
19. 每家乐便利店
20. 真利民便利店
21. 福万家便利店

22. 壹加壹便利店
23. 心连心便利店
24. 百乐佳便利店
25. 邦女郎便利店
26. 回头客便利店
27. 一家亲便利店
28. 快客便利店
29. 美佳便利店
30. 罗森便利店
31. 好德便利店
32. 宜价便利店
33. 旺旺便利店
34. 金汇便利店
35. 益达便利店
36. 万家便利店
37. 万利来便利店
38. 金茂源便利店
39. 惠多多便利店
40. E 家便利店
41. 欢乐谷便利店
42. 嘻哈便利店
43. 3Q 便利店
44. 叮当便利店
45. 阿拉丁便利店
46. 潘多拉便利店
47. 友家便利店
48. 百利便利店
49. 吉士便利店
50. 多多便利店
51. 天天便利店
52. 开心便利店
53. 711 便利店
54. 百斯特 (best) 便利店
55. 好再来便利店
56. 喜士多便利店
57. 富士多便利店
58. 又见便利店
59. 多乐福便利店
60. 第 2 个家便利店
61. 24 小时便利店
62. 幸福万家便利店
63. 我爱我家便利店
64. 好友多便利店
65. 好时便利店
66. 沃尔玛社区店
67. 纳百客便利店
68. 贵州龙便利店
69. 511 美佳慧连锁便利
70. TODAY 连锁便利

以上实体店名字供大家激发创意。接下来我们看看实体店的宣传口号，这个宣传口号应该是店铺经营者的价值主张，通过宣传口号传递出来。所谓的价值主张，就是店铺经营者认为最重要的东西，用宣传口号来表达出来。这种价值观的表达，可以帮助店铺拥有自己的追随者。这一句价值主张口号的创作一定要像古人写文字，用词用句简单、讲究。当然不是让我们之乎者也的创作，而是要简洁、明快。在这里笔者搜集了一些店面的宣传口号：

1. 卖得便宜，购得满意，价高退款，货次赔偿。
2. 美好生活，乐享乐购。
3. 生活开怀需要省时，×× 超市生活帮手。
4. 宜购便利，省心，舒心，放心。
5. 炒菜没盐了记得打 ×××× 送货电话。
6. 购物到 ××，省时又省事。
7. 下班回家，购物我选 ××。
8. ×× 便利，社区好去处。
9. 便利生活，购物满意。
10. 真情服务，换您满意。
11. 放心选购，跑得了步，跑不了店。
12. 省钱选 ××，品质还是选 ××。
13. 宜人生活，购物天堂。
14. 适宜大众选购，选择 ××。
15. 购得开心，购得实惠。
16. 便利到家，高效轻松。
17. 便宜购物，就选 ××。

18. 方便社区邻里，满意街坊大众。
19. 天天买鲜，天天 ××。
20. 购物到 ××，享受自由生活。
21. ×× 超市，称心如意。
22. ×× 超市，不只是便宜。
23. ×× 超市，物超所值。
24. 服务无处不在，×× 值得信赖。
25. 服务无处不在，品质超越期待。
26. 一站式购物，零距离服务。
27. 品质赢天下，服务乐万家。
28. 与 ×× 为邻，与舒心同在。
29. ×× 邻我家，全家恋上她。
30. 选择 ××，舒适享受。
31. ×× 购物，你我她的幸福。
32. 逛一逛 ××，多一点享受。
33. 天天 ××，天天享受。
34. 诚为本，信为金。
35. 天天新鲜，丰富实惠。
36. ×× 惠天下，方便千万家。
37. ×× 超市，您身边的贴身管家。
38. 一站通，×× 购物更轻松。
39. ×× 诚为本，省钱又省心。
40. ×× 超市，让购物成为一种享受。
41. 金秋万里福，花漾人生路。
42. 走遍千家万家，×× 超市最佳。
43. 选择 ××，购物无忧。

44. 新鲜生活，从 ×× 开始。

45. 最适宜您的购物天堂。

46. 品质服务，购物无忧。

47. 新的生活方式从 ×× 开始。

48. ×× 购物，适宜生活。

49. 消费后悔了在这里不用怕。

50. 以友相待，以诚为宜。

51. 物美价廉，×× 就在身边。

52. 最适宜的商品，最真挚的友谊。

53. 咱们老百姓自己的便宜商店。

54. ×× 足迹，鉴证品质生活。

55. 服务社区，方便邻里。

56. 购物上宜家， 方便你我他。

57. 欢乐宜购，实惠你我。

58. 省钱省心省时间，易换易退易生活。

59. 价格公道，保证质量，快捷高效。

60. 天生我材必有用，伯乐相马在 ××。

61. 购物消遣两相宜，精彩生活在一起。

62. ×× 超市，为您省钱。

63. ××，您生活的专家典范。

64. 购方便，价便宜，美食美客每一天。

65. 实惠好又多，便捷新生活。

66. 购物上 ××，宜心购实惠。

67. 购物选 ××，放心又实惠。

68. 我们愿意便宜一点，只为让您满意一点。

69. 宜选宜买宜方便，购好购真购实惠。

70. 选 ××，享精彩生活。

71. 宜人宜物宜景，尽在 ×× 超市。

72. 生活多姿多彩，宜购应有尽有。

73. 实惠是根本，购物要轻松。

74. 别因便宜买太多，做您家的储藏室。

75. ×× 的精挑细选，正是为了您的精打细算。

以上宣传语的创作有的适合大超市，有的适合社区店，也有适合提供生活服务的实体店如美容店、饭店等，在此列出仅供各位读者参考，激发创意之用。在创作自己店铺的价值主张口号时，可以先仔细分析自己做店铺能给顾客最重要的东西是什么，然后再模仿上文的价值主张句式，来创作自己的价值主张口号。在创作店名和宣传口号时，检验的标准就是简单、贴切。如果店铺确立了自己价值观的口号，那么店铺的经营和管理就应该据此而开展，这样会形成通过价值观宣传来聚拢客户的效果。

第十四招　无钱也可做宣传

对于店面经营者来说，需要持续的节奏来推动市场，就像大海的浪花，需要一浪接一浪。这是因为，销售是一种概率事件，就像买彩票，买得多了才有可能中奖。店面活动多了，吸引的顾客多了，成交量才能上升。可市场节奏的维持是需要耗费弹药的，这个弹药包括费用、人力、时间等。特别是涉及费用，往往会让店长们望而却步，止步不前。对于公司管理层而言，他们希望店里做活动，需要直接的销售回报；而市场活动能否带来直接的销售结果，店长们心里又没有底，多一事不如少一事，既然没有把握，干脆就不做。店长们在这种顾虑下，做市场推广容易缩手缩脚。为此笔者搜集了一些实体店面做得好的市场活动，列举出来，供大家参考。这些锦囊妙计以投入资源少、技术含量高、宣传有力为三个筛选标准，这些策略由于投入少，便于操作。

1. 店里某产品请消费者做广告，获奖的消费者将获得此产品活动期间 1% 的销售额奖励。

点评：店铺宣传是需要有内容、有素材的。这个内容、素材多数情况下，只能凭借自己产生。回到本案例中，这种由消费者为店内某产品做广告的方式，会有两个内容产生点，一个是消费者代为做广告的这件事，另一个是消费者做出来的广告。

2. 会员日或者店庆日，比如大同刀削面馆，每月十日为店庆日，面条半价。

点评：这家店笔者经常去。由于推出了半价店庆日，让选址不甚理想的大同刀削面远近闻名。在出名的同时，由于该店的产品品质过硬，自然以后就顾客盈门了。

3. 广场舞为企业做广告。

点评：广场舞的主力，往往也是生活类门店的主力消费群体，可以借助广场舞的舞者来为实体店做广告。

4. 门店可以和非营利机构合作，进行公益营销。当品牌与零售商同购物者之间通过公益营销建立情感联系后，购物者就会注意他们。

点评：门店和非营利机构合作，借助非营利机构的创意主题，可以帮助顾客助人为乐。消费者都有怜悯之心、助人之心，帮助别人的同时也收获了助人的愉悦。

5. 团购变为直销客户。稻香村粽子利用第三方平台做团购，团购结束后，购物者数据将成为数据库，会收到稻香村月饼的定期推广。

点评：利用团购平台巨大的流量，实现销售 + 吸引粉丝，然后再进行粉丝营销。

6. 与实体店经营有关的物品展示。

点评：实体店客人源源不断是生意兴隆的保证。做广告、搞促销对于提升实体店客流是有作用的，但这些都是要花钱的，花的是纯利润。因此我们需要探寻更多的不花钱做营销的方式。一些专营的实体店，可以利用自己的专营来放置一些与自己专营项目有关的展示物来吸引客流。这里给大家提供两个案例，一个是羽毛球拍专营店，实体店橱窗放置了巨型的羽毛球拍。让经过门口的人很稀奇，不由自主地多看两眼，自然印象很深（见图6）。如果一旦有羽毛球拍的相关需求，顾客首先想到的就是这家店。另一个是少儿美术培训学校，他们会根据不同的节日来推出相应的培训环境营造，比如元宵节推出的猜灯谜活动。这家美术学校利用对于色彩、少儿手工的优势，营造出来的猜灯谜环境让人耳目一新（见图7）。能让人注目、引发思考的实体店，会让人感觉到有意思，生意也一定不会太差。另外，笔者特别赞赏这种利用展示物宣传自己的思路，对于激发团队凝聚力、创造力都会有好处。

图6　羽毛球拍专营店的球拍展示

图7　美术培训学校的猜灯谜环境

7. 充电服务。

点评：手机对于现在的人而言，已经近乎人体的器官之一了。随身必带，干什么都会借助于手机，问路、找特色、查信息，因此手机有没有电，就非常重要了。实体店可以学习麦当劳，设立一个免费的充电处。现在不少手机有一种快速充电的功能，充电五分钟，通话两小时。我们可以借助这种方式，来吸引、挽留客源。

8.昨天看到一个卖小食品的企业，类似“来一份”卖干果的企业，推出一个积分换储蓄罐的活动，那个储蓄罐特别大，特别萌。

点评：赠品设置得好了，会给促销加分。

9. 短信营销。宜家过年期间的提醒短信：将于初一放假，初二至初五营业时间为 10 点至 19 点，初六后恢复正常。我们在节日期间，准备了三百多种节日商品，八折优惠。

点评：短信体现适度关怀即可。

10. 雾霾天发放带有企业 logo 的口罩，如果市场活动费用足，那就发给顾客；如果费用受限制，那就发放给员工，这样既对员工有凝聚力又有广告作用。

点评：收入增加后，人们越来越关注自己的身体健康。

11. 巧借节日营销，浪漫七夕，好事成双。任意两件，7.7 折。

点评：在这里需要说明的是节日营销的主题其实可以重复利用，可以把全年的日历标出节日营销的主题，然后提前两周左右安排节日促销的相关工作。

12. 场景营销(情景营销)。

点评：现在是生活情景化，比如蒙牛早餐奶，伊利晚上奶。只有广告宣传与人们生活工作的情景结合，才会打动人。姚明做的中国人寿广告，只见姚明将篮球投中篮筐后，讲了一句要投就投中国人寿，由于缺乏场景，难以激发起顾客的共鸣，这个广告就比较失败。现在某些卖场推出的火锅节，会在涮火锅的商品上悬挂一个栩栩如生的火锅。

13.1 号店车站广告，扫商品送货到家；天天 1 号店报道，签到，送狗粮。

点评：移动营销，其实就是以移动为中心的整合营销。我们要把顾客的刚性需求挖掘出来这样才会有黏性，否则别的都是弱关系。

14. 营销有三个方式：

（1）做定位，如加多宝，脑白金的广告。

（2）做策略，如凡客，多芬(你看上去比你要美)。

（3）情景营销，所谓的app抢入口，例如睡前瞄一眼，其实就是抢情景。

点评：店铺的营销可以按照这三大类来开展自己的宣传，例如做定位的店铺：社区服务中心，提出这样的价值主张，整个店铺就按照这个价值主张来展开经营；做策略，零元起，送货上门店内购物积分，享受会员价；情景营销，盛夏，店铺可以在小区车辆出行门口堆放矿泉水，便于驾车者购买。

15.对于店铺而言,做广告不一定是最佳的选择,因为广告费贵，最好是自己做活动。某礼品店，为了招徕顾客，店员在头上顶着一个海豚样的帽子，站在店外吸引顾客。

点评：俗话说勤奋，比别人多做一点生意就来了，店铺经营也是这样；把店内的货摆放成型，店员主动去吆喝，顾客就容易被激发购买欲望。慎做广告，由于现在的顾客都有广告免疫，如果没有太好的广告创意或者有大笔促销活动的资源，那就别轻易做广告。

16. 二维码创意推广。乐高积木二维码，蛋糕二维码，耳环二维码，婚纱摄影二维码，扫一扫，抱一抱二维码。

点评：现在的人是人手一部智能手机，由于人机合一，一定要想办法建立起店铺和顾客的这种网络联系。有了初步的联系，就会有后续的买卖成交。

17. 借势创新营销，杜蕾斯，最快的男人不是最好的，只有坚持到底的男人是最好的。

点评：虽然现在信息社会信息发达，但由于信息的入口出现了垄断，导致了大家所关注的热点是相同的，比如网络上曾经出现的“一言不合”体，如“一言不合，就抽奖”。店铺可以借助社会热点结合自身热点，来推广自身。

18. 一切皆媒介，可口可乐的个性名称，网络热词瓶。

点评：互联网已经成为我们生活中的一部分了，人人都是自媒体。实体店可以开立自己的微信公众服务号，顾客在店里扫描二维码，实现线上吸引粉丝关注，线下销售的模式。

19. 开学早做准备。孩子的消费会占到家庭日常消费比较大的一个比例，因此门店可以提前推介开学早做准备的广告。

点评：顾客有消费迟钝现象，这样作为商家在消费欲望提高上需要推动一把。

20. 饭店拿出一个半价土豆丝特价产品来吸引客流。

点评：实体店铺可以拿出一个特价产品来吸引客流，由于这个特价商品的原因，顾客会出现爱屋及乌的心理，认为整个店都是价格比较合理的。这点和大型超市敏感性商品低价是一个道理。由于顾客产生了价格低的感觉，就会觉得这家店实惠。

21. 交通银行某门店在门口列出附近一公里左右的银行供居民参考。

点评：利他主义是成就伟大商业的基础。

22. 妇联在三八节、母亲节一般都会有活动，作为门店应考虑主动与对口的社区妇联相关人员沟通，共同举办活动。

点评：顾客目前已经养成了节日购物的习惯，既然这样，商家就不如顺势而为，借助第三方力量提高自己店铺做活动的高度。

23. 某火锅店，推出会员锅底免费。

点评：火锅店消费收取锅底费用，有些类似于在马路上收取停车费那类属于合理不合情的收费之一。比如清汤锅、一般的鸳鸯锅底都收取费用，消费者在去火锅店消费前，是没有估算锅底费用在内的，点餐时却要交此费用，消费者心里的感觉是不太舒服的。这家火锅店推出会员锅底免费的营销策略，可以让客人得到一种“顺畅”的感觉，利于锁定客户，获得客户的重复消费。

24. 靠外部事件资源来做店面促销。比如北京国安队比赛日当天如果获胜，比萨半价。× 日 – × 日，穿牛仔裤者，比萨半价。

点评：我们需要给顾客一个进店的理由和一个购买的理由。这种借由外部事件资源做推广的方式非常具有故事性与传播性，可以让人印象很深。并且整个活动不需要什么大的物料和人力投入。

25. 公益做促销。人们买咖啡时，买两杯，一杯自己享用，一杯由服务生在纸上写上“一杯咖啡”贴到墙上。穷人到店直接去墙上取 “一杯咖啡”直接享用。人们提前买了咖啡，让付不起的人享受温暖。

点评：多付款的那杯咖啡叫待用咖啡，你付钱了，但并不知道谁会享用它。这就是有爱和美的世界。

26. 做公益活动。我们先看一个案例，在 2016 年 1 月底的最冷的那几天里，笔者的微信里有这么一条信息“胖阿姨响应视频发起人”号召，为上海的环卫工人提供免费服务。即日起，上海的环卫工人可以在以下胖阿姨家政联盟门店，免费享受热水、食物加热、用餐场所等服务，欢迎在沪环卫工人就近前往。看到微信里这段文字，让我印象非常的深刻。对于举手就可以完成的公益，普通人还是非常愿意帮忙的。因此我们实体店可以结合具体情境，推出适时的公益活动，借助社交网络来展开传播。

点评：有意义的信息有个特点，一旦在社交网络上发出，这个信息就具有了生命力，会自我复制与传播。

第十五招　广告创作须动情

历年超级碗的比赛、广告、中场明星秀是超级碗的三大看点，2015 年的广告更是以每秒 15 万美元的天价刷新纪录，有许多人到现场去看比赛，就是冲着第一时间能看到这些广告。今天笔者通过本届超级碗的一则广告来说明广告主题应该如何创作。

谈到广告创作，我们需要首先分析一下广告的目标对象——消费者。如今的消费者已经发生了变化，变得对于广告更具免疫力。如今的消费者知道怎么对于广告视而不见、听而不闻。

这种广告免疫力是由于消费者见多识广，同时现在的消费者由于自身信息储备量远远超过十几年前的人，如今的人会变得更加注重自己的感受。我们从手机几乎打败数码相机就能得出这个结论，因为手机的自拍功能，可以快速地分享、嘚瑟、臭显摆……由于消费者的这种变化，因此我们广告在制作时一定要从感性角度入手，触动消费者心里最柔软的地方，不要试图从产品角度宣扬自己的产品有多好。对于自负的消费者而言，你的产品再好和我也没有半毛钱的关系。广告主题创作或阐释自己的理念或者是提出一个出其不意让人印象深刻的点子，但必须需要融入创作者的情感，唯有这样的广告能打动人心，不被屏蔽。

在比拼身体、力量和速度的体育比赛中，多芬投放了一个温情的广告（这本身就出其不意）。广告在发问，是什么让一个男人更加强大？不是磨砺、不是泪水，而是关心和爱！

第十六招　店面印象须鲜明

笔者一日按照医生的处方去买药，首先去了一家经常去的药店。这家药店规模一般，因为离家近、方便，就经常在那里买药，并且办理了会员卡。但结果比较失望，没有处方上的药。询问导购，哪里会有？导购给我的回答是：这种处方药只有医院有。我心有不甘，于是又走向另外一家药店。这个药店离家比较远，以前偶尔路过，临时起意进去过。让我喜出望外的是，这家药店居然有这个医生开的处方药。

在缴款过程中，与店里老板模样的工作人员聊了聊。

这位先生讲现在生意不好做，大环境不景气（不知道为什么，我总是能听到这句话），客流很少。出于职业的特性，我问他店里是否做活动，比如开个微店、微信宣传一下，他说药店经营面比较窄，不能像其他行业，管理的比较严。出于做培训的职业病，就和这位先生谈了一下我的观点。药店经营面窄、受限制这个是客观现实，但药店消费有一个特点，那就是容易锁定客户。社区周边的药店，容易形成消费习惯，客户的迁移成本比较高。药店经营不像便利店，顾客会因为贪求便宜而选择另外一家门店。只要同类药品的价格不太离谱，一般顾客都会由于对药品本身的价值的认同（治好病）、对药店的信任而选择继续前往。

我继续分析一下这个店的优劣，希望帮助他找到积极的资源，进行营销。这个店虽然选址不利，但这个店的规模非常大，面积基本上是前面那个药店的三倍，药品很全，给我的感觉就像医院的药房。因此建议他，针对社区居民，以“您身边的医院药房”来进行宣传。我所在的社区，周边药店不少，但感觉都是一个个药品超市，没有什么经营特色。在这些店里买药，就是属于自己给自己看病。而整个社区独缺一家社区医院，正好这家规模很大的店可以填补这个空白。在我给出这个主意后，这位先生点头称是，特别感谢我的建议，并主动给我一张会员卡来答谢我。

这个案例说明，作为一个实体店，小店也一样需要像大公司，设计自己的传播方式，打造自己在顾客心中的形象。一般打造自己的顾客形象，方法如下：第一，提炼一个让人意外，出乎意料的概念。在上面的案例中，整个社区的人都知道，看病不方便，却有这家店打出了这样的宣传口号——您身边的医院药房。从社区居民的直觉来看，社区没有医院，因此就不会有医院药房。现在有一家店提出了它就是医院的药房，由于反直觉，让人印象比较深刻。第二，这个概念要有画面感。人类在日常生活中，天生就喜欢故事，因为故事有画面感，好理解。这家店如果用这个“您身边的医院药房”，会让消费者头脑中浮现出医院药房的情景，也会加深记忆。第三，专业证明。这种专业证明如果由权威部门、专家来证明最好，比如，这家实体店如果悬挂有北京医保定点的牌匾，那就是一个证明。如果没有权威的证明，也可以自我证明，利用数字、图片、环境设计来证明。例如，您身边的医院药房，我们这里治疗胃病的药有 97 种，超过二甲医院的药房。我们都知道严谨的科学的东西一定是经过缜密的研究得来的。这家店如果有来自正规大医院的医师坐诊，也是一种自我证明。最后，就是宣传的概念、口号一定要简单。简单的东西不容易被消费者的大脑所屏蔽，因为人生来厌恶需要费劲理解的东西。由于简单，一下子就能让消费者不费力地记住。

营销工作属于战略范畴的事情，是通过影响人的行为来达到自己的目标。营销工作不能直接为店铺带来利益，但是营销工作可以提升店铺的业绩。对于店面经营，一定不能有靠天吃饭或者先入为主的概念，选址不是生意好坏的唯一因素。由于营销工作是一个需要做精做深的工作，特别是选址不佳的店铺一定要在这方面做足文章。

第十七招　宣传结果要攻心

现在许多便利店都有了 LED 显示屏，这个显示屏往往是打着商品价格、活动的宣传居多。不知道这些一直滚动着字幕的便利店，哪一家能给顾客留下印象。如果有一家便利店在这个显示屏上打出“××× 超市，您便利生活的得力助手”，作为顾客看到这个会怎么想？

对于现在的市场竞争，有眼球经济、注意力经济、体验经济等说法，但我感觉这些说法还是限于表面现象，本质上，现在的市场竞争是要占据顾客的大脑。为什么要这样讲？这是由我们人脑的思维习惯决定的。研究学者发现，人脑的思维有以下四个特点：阶梯思考、喜欢简单、考虑风险、锚式定位。

阶梯思考是指人的大脑会对所看到的事物进行分门别类地处理并做一个标签式的说明，例如，我们对于卖商品的场所会有社区店、大卖场、集贸市场等分类。给每个分类赋予一个特别的联系，社区店——便利；大卖场——商品丰富、便宜；集贸市场——新鲜等，这样做有利于提高大脑处理信息的速度。因此人们在购物的时候会沿着这一个信息提示来思考。追求商品新鲜，首先想到的就是集贸市场。本着这个思维特点，我们实体店需要提出自己的经营口号，让顾客印象深刻。连锁的店面在这方面是比较注意的，但单体的中小店面、集贸市场鲜有提出自己的经营口号的。另外，在提出经营口号时，要注意大脑分门别类处理信息的特点。人们有个特点，一般是最容易记住第一的，但由于现在商品的同质化严重，单纯从产品角度来谈差异化已经不太容易，因此口号的提出要从“成不了第一也要成为唯一”这个角度着手。

喜欢简单是指大脑一次性处理的信息是有限的。我曾经在山西平遥古城的中国科举博物馆，有机会见到了中国仅存的一份科举状元考卷。这份状元考卷上，有许多小红圈，这个红圈就是当时的考官，为了阅卷的方便，给这份状元卷的断句。一般而言，读者在看到一个文字信息时，一口气能读下来的字不超过 21 字。因此我们店面在提出自己的口号时一定要精练。这里强调一下，讲得少就是讲得多，最好就是一句话概括，例如淘宝在农村的口号“生活要想好，赶快上淘宝”。

考虑风险是大脑思维的另一个特点。我们都有对于安全有一种莫名其妙的多虑，例如拿手机打电话时，偶尔会想手机会不会爆炸、在便利店买的盒饭，担心会不会是过期、变质的。这种心理活动，是人类自我保护的一种心理机制，这些风险有当心买贵了、上当了的财务风险；改变消费习惯的心理风险；担心产品伤害自己的生理风险；产品承诺不能兑现的功能风险；让人笑话的社会风险。我们作为店面经营者要注意到顾客的这种心理，利用这些风险为店里宣传、营销所用。如提供餐饮的便利店，可以打出一个这样的经营口号：本店经营的食品，由食品检验局每周抽查作为质量保证。

锚式定位是大脑思维的一个比较有意思的现象，就是指人如果第一眼看到什么、第一次听到什么，会牢牢地记下来，就像船只停泊时，放下锚。结合这一特点再综合运用以上三个思维特点，提出自己店面独特的口号，就会让人印象深刻。如“××× 超市，便利生活得力助手”，顾客从便利角度的锚来考虑问题，就会把集贸市场、大型超市、网购屏蔽掉，也会对于便利店的价格稍高，找一个自己的理由，图便利，价格适当高点就高点吧，能接受。一个卖食品的店面，如果提出了产品质量的承诺口号，就会比没有承诺的店面给人印象深刻。

第十八招　四步塑造店品牌

谈到连锁实体店的经营管理，我们脑子里马上就能浮现出统一装修、统一LOGO、统一服装等标准化的画面。做到这些统一，实体店就有了品牌了吗？我们先看一个例子，沙县小吃在全国统一了标识、统一了装修，也有一定的市场，但沙县小吃在你心中有品牌了吗？我想答案是否定的。对于消费者而言，沙县小吃感觉还只是一个低价、填饱肚子的地方餐饮。

实体店要做到品牌塑造，需要做好以下工作：

（1）经营哲学的确立

经营哲学在这里是指，要确立这个实体店为什么要存在的问题。比如某某便利店，就可以确立为“为周边生活的人提供伸手即得的幸福”。有了这样的经营哲学，就可以围绕着这个哲学来展开自己的经营管理。既然实体店主张“伸手即得”，那么就可以从顾客常用商品调查、预约采购、免费送货上门、提供生活服务、店员热情主动等角度着手来实现“伸手即得”。另外，经营哲学的确立对于提高员工的工作幸福度也非常有帮助，因为员工在这个经营哲学的指引下会认识工作的意义，这个意义会超越简单的买与卖。

（2）实体店经营的有形化

当前的品牌经营中出现了这样一种现象：有形商品的宣传精神化、服务产品宣传有形化。我们可以回想房地产广告，诸多的房地产广告并不强调具体的户型、面积，而是说出住在这里的气质或者感觉，让消费者自己对号入座。

对于实体店经营，则需要把自己的特色有效表现出来，让消费者感觉得到、理解得了。比如肯德基早餐，它会在店外悬挂“早餐示范店”标识。肯德基的品牌大家都能感受得到，但它为什么要这样做呢？我想肯德基也是在转型，如果在人们心中只是正餐快速替代品，那么它的市场无疑是狭隘的。因此它推出早餐业务。虽然作为洋快餐，诸多消费者在午餐、晚餐食用，多多少少有些心理压力（因为有人把它归结为垃圾食品），但作为早餐这种心理压力会大幅度降低。在消费者心中少了这些压力，肯德基也就慢慢融合进人们的生活中去了。在肯德基官网可以看到这样的定位：27 年来，中国肯德基坚持“立足中国、融入生活”的策略，推行“营养均衡、健康生活”的食品健康政策，积极打造“美味安全、高质快捷；营养均衡、健康生活；立足中国、创新无限”的“新快餐”。

（3）市场推广的系统化

市场推广也就是我们所说的销售，具体宣传包括人员促销、广告、公关、销售推广（打折、买赠、送券、积分等）、直销（传单、邮寄、网络营销等）。系统化是指将零散的东西进行有序的整理、编排形成一个整体。由于市场推广活动对于消费者是一个整体性、不间断的刺激，这样实体店品牌塑造就非常有力。

（4）挖掘自己的市场金矿

对于围绕经营哲学建立起来的品牌形象，一定会出现粉丝级消费者。这些消费者由于对这种理念的认同而成为忠实的消费者。为此，作为实体店需要不断挖掘这样的消费者，通过为这些消费者提供更有价值的活动来维系、激活这些消费者。比如主张提供“伸手即得”的便利店，就可以推出“越懒越会活”的活动，通过照片墙让大家展示自己越懒越会活的状态。通过这一系列紧紧围绕经营哲学展开的市场活动，将会更有力地塑造实体店品牌。这种越懒越会活，是一种与顾客共谋的活动。赋予顾客偷懒别的意义，让顾客感觉心理不纠结。例如，笔者发愁如何给孩子变着花样做饭，我就会购买牛肉罐头和土豆一起炖，这样的菜做的速度非常快、也省事。对于我而言，确实有做饭做烦了、图省事的心理，但看到孩子大口地吃，心理的满足感会迅速驱赶走那一丝由于偷懒而带来的心理压力。

资源篇

19–31 招

第十九招　神秘销售吸引人

超市经营者最懂人的心理。在超市里逛，即使是一个有多年销售经验的人，也会屡屡陷入超市设计的促销“温柔陷阱”里。这个案例发生在家乐福，他们在 2016 年端午节期间推出了 5 折换购券换购活动。在店里的主通道堆头上摆放了参加五折换购活动的商品。这些换购商品有近 30 个品种的米、油、调味品、啤酒、厨具、牛奶等，只要有一张换购券，所有的换购商品都可以以五折的价格来一次性购买。在某品牌牛奶堆头，一位促销员给我推荐换购款牛奶产品的同时，神秘地说如果购买，她可以给我一张五折券。见到笔者感兴趣，果不其然给我拿出了一张五折券。神秘性 + 非官方限量获得 + 感觉商品本身的超值，让原本打算闲逛的我产生了这是一个不可失去的机会的感觉，本没有打算购买商品的我当下决定不但买这个奶，也看看别的换购商品，结果这种珍惜感迅速地扩大，甚至都买了一个苏泊尔三层蒸锅，原价 398，五折价 199，几乎把认为用得着的活动商品全部都买了。

在这个案例中，这个“券”起到了非常重要的作用。在获得此券的消费者眼里，它已经不是一个优惠券了，而是一次机会。机不可失，时不再来，赶紧抓住此机会，买到就是赚到，就是我当时的心理活动。一些门店在结账时额外给的代金券也是这个道理。如果给顾客回馈一张 20 元代金券，在顾客眼里，它不是可以抵 20 元钱，而是一种机会。

除了券以外，限量销售也是一种将销售转化为机会的方式。例如，某门店推出了销售折扣，这个销售折扣高但附加了限定某个时段，限定名额，就比单纯的全场折扣吸引力大。特别是限定名额的这种方式，如果是顾客能够感知到明显的物超所值，效果会非常的好。门店要想将销售转化为机会，需要让顾客产生失去感。如果顾客产生了失去感，就会从理性转变为感性，即不再认为这是门店的销售伎俩了，而是认为这是需要把握住的机会。在此方面，宜家家居是专家，他们推出的会员价商品，顾客感知到的不仅仅是便宜，还把这个会员价，当成了机会，因为机不可失，失不再来。

门店推出这样的活动，是要有先决条件的。即门店需要有搞此活动的资源，毕竟按高折扣销售商品，是要付出成本的。这个活动资源可能是与厂家商洽而来，也可能是门店自掏腰包，拿出市场费用来刺激消费。上文中的五折换购家乐福案例，就是基于家乐福对于供应链的高度掌控，得到了厂家的大力支持。另外操作这个将销售转化为机会的活动，还需要管理好员工与竞争对手。防止出现员工利用手中的优惠券，自己购买活动商品进行套利。也要防止竞争对手利用此机会，大量吃进，然后转化为自己采购的商品。

第二十招　巧借顾客来推广

一般而言，选饭店是哪人多选哪，但也有例外的时候。例如在车站附近，人群熙熙攘攘，个人的安全距离被大大压缩，会让人一直处于精神紧张的状态，这时，人们就会选择人少、清静的饭店用餐。安静，在熙熙攘攘的火车站应该就是优势。做店铺经营，一定要学会转换观念，挖掘自己的优势，宣传自己的价值主张。优势和劣势是相对的，一个事物的优势就是它的劣势；而劣势如果找到了适当的地方，就是优势。

我们在门店经营中强调微创新，微创新的创意来源一方面源自店内，另一方面源自顾客。店面遇到的客人形形色色，其中不乏专业人士，如果能够利用好这个资源，听取顾客的建设性意见，这对于店面经营创新、客源增加是求之不得的。比如餐厅，如果能在菜单上标明，对我餐厅提出建设性意见者送一杯饮料，这个饮料可以为自制的酸梅汤或者冰糖雪梨汤等（为降低成本）。碰到我这样爱“多管闲事”的老师，肯定会提出自己的建议。我们总在谈要接近顾客，了解顾客。可对于类似快餐厅这样的实体店，同客人接触的时间是非常短暂的，同客人直接攀谈也是不现实的。因此倒不如在店里明确写明，欢迎提供宝贵意见，提出有价值建议者，有赠品奉送。

每天来店里的客人都是人手一部手机，等服务时往往都是低着头玩手机。这人手一部手机，就像每人拿了一个大喇叭，对于自拍上瘾的一族，如果店里再明示自拍发朋友圈五张照片并标明是哪一家店者也可以送一杯自制饮料，他们肯定高兴。当有客人分享了我们店面的良好服务、环境并给出评价后，这个无形的宣传员就是在替我们店面在做广告。店面的生意是需要养的，需要用心来经营，这个养和用心经营就是发现自己的优势、提炼并推荐给目标客户的过程。用心经营未必生意会马上好转，但不用心经营，生意肯定惨淡。因此建议每一位店长要有整合资源的头脑，这个资源来自我们的员工、我们的客人、我们的领导及身边能触及的一切能对店面经营有帮助的东西。

第二十一招　识别资源来利用

店面经营需要持续地搞活动来推动市场，就像大海的浪花，需要一浪接一浪。这是因为，销售是一种概率事件，就像买彩票，买得多了才有可能中奖。店面活动多了，吸引的顾客多了，成交量才能上升。可市场节奏的维持是需要耗费弹药的，这个弹药包括费用、人力、时间等。特别是涉及费用，往往会让店长们望而却步。对于公司管理层而言，他们希望店里做活动，需要直接的销售回报；而市场活动能否带来直接的销售结果，店长们心里又没有底，多一事不如少一事，既然没有把握，干脆就不做。在知道店长们这种顾虑后，笔者搜集了一些实体店面做得好的市场活动，列举出来，供大家参考。

1.GAP 门店的活动集锦。

（1）GAP 门店顾客登记手机号后，抽折扣券，抽到几折打几折。

点评：门店搞促销活动，活动组织越简单，越好操作。总有店面抱怨公司总部没有市场活动，其实活用公司原先的一些市场政策，也一样可以作为促销手段。GAP这样的活动能看出来该公司对于供应链有强大的整合能力，就是因为能控制供应链才有底气推出这样的打折活动。打折是会消耗店面弹药能量的。

（2）GAP门店鼓励多买，买三件7折，买五件6折。

点评：在电子商务激烈的竞争下，当前到门店的客人越来越少，因此提高到店客人的提袋价（一次门店购物的总价）是一个可以提升门店业绩的方式。在GAP门店推出的鼓励多买策略中，也可以理解为为整个家庭购买或者为顾客提供一个解决一身穿着的解决方案。由此可以联想到，其他类的门店也可以推出此类活动。美容美发店可以考虑推出家庭美发套餐；日用品百货店可以推出某一个主题的整体打包活动，如春季养生饮品系列茶、奶、干果、小点心、干红的组合等。

（3）GAP门店有LOGO的商品一概不打折，让LOGO商品成为高端生活方式的代表。

点评：对于促销一定要给客人一个购买的理由。逛过GAP店的客人可能会有这样一种感觉，即GAP店并不是以货品丰富为优势，但它所搞的活动层出不穷，总能把顾客从关注货品丰富的角度，吸引到店家所搞的活动中来。此次推出的活动是GAP的货品印有LOGO标志的不打折。这种强化LOGO的做法也是一种塑造品牌的做法。

2. 李老爹火锅餐饮店直接给顾客发送短信，祝福生日快乐并附送50元现金，且不做任何消费限制。

点评：对于顾客而言，生日消费往往是奖励自己的一个很好的由头。在本案例中，李老爹发送的生日祝福礼金短信，不做任何消费限制，让消费者感觉这是真正的祝贺生日，商家给的是一次优惠的机会而不是设计好的消费陷阱。我们试想一下，一个人进行生日消费的情形多吗？生日消费，往往是三五好友相聚，因此这个生日祝福礼金短信是一个非常好的消费由头。

3. 在日本的便利店不仅能解决一日三餐，诸如 ATM 取款、打印、缴费等各项服务都能在便利店实现。通过对众多来店顾客进入便利店的目的进行调查后发现，购买商品还是主要原因占 89%，但同时还有其他目的（如 ATM 取款、打印、缴费等）也占 80%，其中单纯为了购买商品进入便利店的比例只有 20%，可见便利店内服务项目对于顾客的吸引力是非常强的。服务功能的充实增加了顾客的到店频率，推动了商品销售额的增长。

点评：北京的“全时便利店”也是这样的，“全时”推出了四位一体的重资产经营模式，“便利店 + 智慧厨房 + 便民服务 + 社区金融”。由于合体成为一个三头六臂的新的经营体，使便利店很有竞争实力。这种跨界经营的思路往往就是一种提供平台，整合社会资源的思路。便利店通过便利场景的打造，不但抵御住了互联网电商购物对实体店的打击，在整个实体经济遭遇寒流的情况下，社区便利店在过去的两年里增速高达 24%~25%。

4. 宜家为逛宜家的人群准备的 5 元低价热狗套餐，麦当劳的质量，地摊的价格，吸引了大量的人。

点评：商业的核心是聚拢客流、经营客户。宜家这样的做法，是很理解逛街人的心理。提供高品质的平价餐饮，让顾客有值得的感觉；另外吃饱喝足，顾客可以舒心地继续逛宜家。

5. 如果某店面推出饮料 3 元随便畅饮，可能会吸引大量的人流。

点评：消费者喜欢讨便宜，特别是国内的消费者。我们在海外大肆购买，2015 年春节 7 天，中国人在日本共计消费 60 亿元。为什么消费这么踊跃？答案就是：比国内便宜。对于一个店面推出 3 元饮料随便饮用的活动，消费者会觉得便宜，但平心而论，那么凉的饮料，一次能喝 3 杯的人少之又少。

6. 超市划出儿童区，让儿童在里面玩，这样满足“生活购物化，购物生活化”。欧尚超市就专门辟出区域，创建了类似肯德基儿童乐园那样的儿童游玩区。

图 8　欧尚超市的儿童游玩区

点评：对于城市消费者，在“网购 + 快递”送货上门越来越方便的情况下，米、面、油、纸、酱、醋等生活必须消费品的超市采购行为，将会越来越少。大型门店可将自己宝贵的空间资源拿出来做各种体验吸引消费者再次入场。做超市经营的人都知道，不怕消费者不买，就怕消费者不来。

7. 限量、非正规发行五折换购券。如果能对供应链有控制，在某节日期间可以联合厂家搞活动，可以和厂家共同举办五折换购活动。发行五折换购券，在结账时出示，然后商品按照原价的五折销售。

点评：这个换购券的发行，采取的是促销员神秘派发，而不是公开发行。这种神秘派发的形式，会让获得此券的消费者有一种珍惜感。油然而生的珍惜感，自然会激发起购买的欲望。

8. 京东商城搞活动，买 5 件商品，价格最低的那一件免单。

点评：京东的这个策略非常好地利用了人们的贪便宜心理，由于把重点放在可以得到的“便宜”上面，顾客会有非常强烈的消费成就感。

9. 生产一些专供实体店销售的特殊产品，这是一个让实体店与众不同、影响深刻的良机。如特殊的煤气烤架，使消费者五分钟即可在野外吃到熟食。

点评：门店销售的商品要有创造新生活方式的能力，满足消费者新的需求。在温饱问题解决后，消费者的生活方式也会出现更新，比如近几年来，大家对于户外休闲度假的需求在不断上升。

10. 结款区，要有创意来应对繁忙。比如结账等待时间超过十分钟，就发放购物袋、代金券等。

点评：等待是最让人烦的，也是最容易产生不满意的环节。

11. 对于销售食品的店铺，每周召开一个新品品尝会，让采购与导购直接沟通，增加现场执行力。

点评：由于有了亲身的体验，在回答顾客提问时，导购会描述得更准确，同时，对导购而言，这也是一种激励手段。

12. 店铺可以考虑开发一个吃货天地，每个月展示一个地区的土特产，比如，陕西的羊肉泡馍，凉皮；沙县小吃等。

点评：在吃的方面，谁也不愿意长期吃一个口味，顾客有想尝鲜的心理，不妨把各地的特产轮流展示。

13. 门店的免费服务。在门店服务的基础上提供免费送货、免费微波加热、免费提供开水等服务。

点评：店铺提供一些低成本的免费服务，这些免费服务可以占据顾客的心灵，是非常好的公关手段。

14. 超市免费送袜子等生活必需品。

点评：超市的赠品如果赠送的是顾客生活必需品而不是可有可无的鸡肋赠品，会极大提高顾客的购买兴趣。

15. 不定期八折。这是笔者经常光顾的一家北京义利食品便利店所推出的市场活动。这家纯卖食品的北京老字号，是我经常光顾的一家店。客观地讲，这家店所销售的面包不算便宜，只是图放心和方便。但由于价格的原因，每次购买的数量（提袋价）并不多，够吃而已。

点评：这个不定期八折会让顾客惦记，本质上还是因为这家食品店的产品不错，有竞争力。

16. 特惠提前启动，大中电器从 9 月 6 日起做活动，并且承诺保证优惠价格到 10 月 15 日。

点评：店铺把活动提前，会让顾客产生一种方便感，感觉店铺很人性。

17. 周一，会员自助菜品免单。

点评：利用时间资源来调配人流量。

18. 顾客添加门店微信，填写调研问卷，下次消费可以获得薯条赠品。

点评：这是一个进行调研与促进二次消费的好方式，既开展了调研，又和顾客建立了联系。

19. 送流量。当前手机已经成为人体的器官了，如果手机离开自己一米之外，顾客就缺乏安全感。对于智能手机而言，流量的缺乏就像汽车没有油。如果门店对于到店客人，开展购物送流量的活动。

点评：这样的活动不需要过多的物料准备，容易操作，并且还吸引用户。

20. 旧货置换。当前谁家都会有一些闲置的物品，比如手机、旧羽绒服等相对高价值的旧物品。店面可以发起回收旧物品折抵消费金的活动。

点评：这样的活动，大家都受益。

21. 嘉和一品粥推出的会员卡，既可以积分也可以当公交卡。

点评：这种一卡多用的会员卡，由于赋予了会员卡的多样用途，可以提高办理会员卡的吸引力。

22. 一坐一忘餐饮，推出“你写点评，我付稿费”活动。

点评：消费者被淘宝、当当网熏陶，已养成消费前看点评的习惯，有了好评，当然会吸引顾客。

23. 洗衣店推出上门取衣干洗服务 。

点评：实体店营销不光要考虑“坐着”做生意，还需要考虑“走着”做生意，也就是从坐商变为行商。从坐商变为行商的重点为，利用移动互联网技术，把到店客人发展为电子渠道的推送目标；第二要考虑服务与客人日常生活的结合点。比如，本案例中，洗衣店推出的上门取衣服务，就是方便了干洗衣服到店不方便的群体。类似的服务还有上门美甲、美发、美容、洗车等。

24. 消费满 50 元返 10 元，消费 5 瓶啤酒返 1 瓶，优惠二选一。

点评：这是一家社区餐饮店推出的促销活动。笔者比较赞赏这种二选一的优惠活动，这是因为消费者的喜好不一样，既可以满足喝酒者的需求也可以满足不喝酒的客人，另外这两者的优惠力度是不一样的。给人的直觉，前者的优惠力度更大，因此客人会更关注这个优惠。

25. 一个小时内，购物金额最高者，中 4999 元大奖。

点评：有奖销售特别是大奖，还是非常吸引人的。人们对于自己的手气总是高估，就像买股票，总是认为自己买的股票会大涨。在采用有奖销售的做法时，一定要注意奖金总额不得高于5000元。

26. 钻石商店的赠品设计为：买钻石，送婆婆或母亲手链或者项链。

点评：从满足顾客的需求入手来设计赠品或者促销品。

27. 居民购物塑料袋上印制广告，免费提供给消费者。

点评：自从塑料购物袋不免费以来，如果没有带购物袋，在消费结账的时候，由赞助商赞助的购物袋会吸引顾客的目光，加深对企业的印象。

28. 店面开辟周六日旧货交易市场，让社区居民来此售卖自己的二手物品。

点评：目前人们生活富裕，旧东西越来越多，旧物品完好无损，并且也含着使用的感情，扔掉又舍不得，由店铺出面组织这样的活动，是一种顾客、店铺都受益的活动。

29. 制作养生日历、促销券日历。

点评：养生是居家过日子的顾客关注的重点，但养生知识却是匮乏的，这样的日历会受到欢迎；在设计月历时，根据顾客的消费习惯、配合养生日历的知识来推出相应的促销券，会促进顾客消费。日历是居家过日子高频使用的物品，这种物品当作赠品会由于顾客经常使用，而产生品牌强化行为。如果日历再有知识性、购物优惠功能，那么日历就会成为顾客二次购物的重要引发器。

30. 超市，中午变成食堂，并且提前把饭热好。

点评：在写字楼附近的超市，可以考虑转换功能，中午提供午餐服务。由于午餐相对物美价廉，会让超市有人气，有人气就会有业绩。

31. 路过星巴克时搜到 wifi，免费网络但是需要注册手机号码，顾客注册手机号后，星巴克就可以做点对点营销推广了。

点评：店铺需要和顾客建立网络联系，wifi 热点是一个非常好的切入点。

32. 店铺发行会员卡，用会员积分来兑换店铺的饮料或者现场加工的餐食。

点评：用积分来增加客流。积分目前是许多店铺使用的回馈顾客的方法，积分兑换礼品或者一定金额的购物券。这些做法有鼓励顾客累计消费的作用，但由于周期长，顾客不能马上见到收益，许多年轻顾客会嫌麻烦往往会舍弃此种形式的积分。这里推荐的用积分来兑换饮料和现场加工的餐食，由于所需花费的积分数额少，并且兑换的商品为高频消费品，会让年轻的消费群体感兴趣，进而增加进店次数。此方法也能适合有网店的实体店，网上消费送积分，积分来实体店换取饮料和餐食。

第二十二招　整合资源可培养

昨天在微信群里同一些群友交流，谈到了资源整合的问题，下面结合笔者的经历、思考、观察，来谈谈培养整合资源的能力及资源怎么得到的问题。

首先，我们必须改变对于经营管理资源的理解，从供需角度看资源。笔者认为管理学对管理所下的传统定义是一个事后总结、描述现象的定义。它的定义是：管理是为了实现组织目标，对所拥有的人、财、物、时间、信息等资源进行计划、组织、领导、控制并最终实现组织目标。照这个定义，对于理解管理整个过程、进行传统管理是有一定的帮助。但对于开展管理创新是没有作用的，从这个定义出发，我们对于经营、管理资源的理解就会狭隘地理解为店铺目前所能掌握的人、财、物了。如果我们从供需角度来理解经营管理，就会发现我们原先发现不了的资源。所谓供需角度，就是研究别人需要什么，按照他的需要来提供，由于满足了需要，这样就能形成源源不断的合作关系。例如，笔者单位有针对农民专业合作社的公益培训，各个地方负责农民专业合作的部门可以向我们提出培训需求来共同举办培训。只要办了这个培训，由于出现了人群的聚合、智力的聚合，就会派生出层出不穷的需求待培训主办方来满足、协同，有些是想帮助策略、有些是想找对接资源，找到了具体的问题，剩下的事情才应该是传统的管理，按照计划、组织、领导、控制来实现既定的目标。

其次，树立开放的胸怀，从合理化角度、勇于改变、接受建议。我以前是属于不注意个人形象的人。但有一个情况改变了我，我看过一个访谈节目，内容是为什么女人喜欢看韩剧。其中一个嘉宾讲的话，让我印象很深。这位嘉宾说，她知道韩剧是哄人的，但她看中国电视剧里的男演员，怎么看怎么觉得脏。（我们不去争论她的观点正确与否，但韩剧给人干净清新的感觉是肯定的）从此我就开始注意穿着打扮了，也注意问问爱人怎么穿衣打扮比较好。她让我穿九分裤、光脚穿鞋。我勉强同意了，结果好几个人夸笔者打扮好酷。

在这个例子里，我还是我，所不同的是，改变了自己的大男子主义后，认真整合了夫人的建议这一重要资源，没穿袜子，就收到了“酷”的效果。再回到我们的工作中来，建议各位一定要从合理化的角度来看待别人建议，勇于改变，而不要从对错来判断。

最后，用雷锋的方式来工作。我们设想一下，如果我们所在的店铺，有一个如雷锋般的工作人员，他的工作会怎么样？职业发展会怎么样？如果我们店铺用雷锋的方式与兄弟店铺、上级来打交道，会有多少机会等着我们。像雷锋那样，不要求回报的付出，你就会得到你想要的资源。

第二十三招　重视员工信公司

员工相信公司，这种相信力是最强的销售技巧。门店的销售与大客户销售的难度是不一样的，非要进行比较的话，门店的销售会更难。对于门店销售的特点而言，几乎是“一票制”销售。对于导购而言，如果在前三十秒内，拿不下客人的心，被客人否定了的话，基本上这单的成交就很难了。但大型门店开展的大客户销售却是可以“往回的 BACK”销售，即一次表现不好，还是有补救机会的，通过第二次、第三次的个人努力，也许可以柳暗花明。因此店面的培训特别注重对于销售导购的销售技巧培训。

销售技巧培训包括销售成交步骤、销售话术、销售礼仪、产品知识等。笔者曾为某上市流通企业推出了专业的销售成交步骤培训——销售七部曲。把销售流程划分为以下步骤，并为每一步骤都做了细化。

（一）招迎顾客

1. 问候话术。

2. 倒水话术。

3. 让座话术。

（二）探寻需求话术

（三）介绍商品话术

（四）邀请试用、体验话术

（五）处理异议话术

（六）促成交易话术

（七）美程送宾话术

1. 未成交顾客。

2. 成交顾客。

3. 递送名片，复核货品、单据及包装。

4. 感谢购买及送宾。

通过这个销售七部曲的培训，可以使销售服务流程更规范、更完整。但我们在培训过程中发现，销售导购虽然明确了这七个步骤，但在部分环节上还是有着极大的困惑，例如第五个环节处理异议上。客人在听了导购的介绍后，往往会陷入一种纠结之中。定价便宜，客人质疑货的真假；定价超出预期，又质疑定价虚高。在此种情形下，对于货品、定价机制不甚清楚的导购，在顾客的追问下，容易出现被动的局面，回答不了顾客的疑问。货品知识的提升、货品价格的构成，这些都是需要积累的，不是一两次培训能够完成的。

为了快速提升销售力，我推出了一项面对全公司的征文活动，通过征文活动来编制公司的成交案例集。

征文文件如下：

工作中日复一日的忙碌，是否让你无暇留意那些难忘的瞬间？珠宝销售顾问的平凡岗位，是否有些经历会拨动你的心弦？面对性格迥异的钻石消费者，是否想与别人分享你的感受？繁忙的销售中，总有些难忘的瞬间，或高兴，或沮丧，或懊恼，让你久久不能忘怀。

为展现 ××× 人的良好精神风貌，收集销售顾问的实践案例，××× 特举办“拨动你的心弦”征文比赛。现将有关事宜通知如下：

一、征文主题：拨动你的心弦

二、征文对象：各门店销售顾问

三、征文时间：即日起至 ××× 年 × 月 × 日

四、征文要求

1. 必须为自己在 ××× 的一线销售经历，不得虚构。可以是成功的，也可以是失败的销售经历，须符合公司的规章制度。

2. 要求情节生动，印象深刻，有启发性。

3. 字数以 300 ~ 500 字为宜，案例生动者可适当调节。

五、投稿方式

请直接将电子版稿件发送至此次征文比赛专用邮箱 ×××。

征文务必以附件形式发送，附件题目的格式要求：门店名称 + 姓名 + 题目，比如：“北京 ×× 店 + 张三 + 难忘的瞬间”。

邮件主题的要求同附件。不符合要求者将视为无效稿件。

六、奖项设置

欢迎各位销售顾问积极踊跃投稿！

在一个月的周期内，收到的稿件有近 50 个案例，今摘出一则：

一天，店里来了一对情侣，女孩说想要看一看50分的钻戒，我便带着顾客来到50分的柜区，先是询问了他们之前是否有了解钻石，女孩说已经看过很多家了，本打算走了，我家的大熊吸引了她！我心想熊大熊二还真是我家的吉祥物！随后询问女孩喜欢什么款式，对颜色净度有什么要求，女孩都没有回答，指了几款试戴，她男朋友都很不耐烦的给否了！并且先生一直在表现出不耐烦，很着急的样子！女孩也很尴尬，不知怎么选好了！这个时候我真的很怕他们起争执离开，于是便挑选了几款性价比比较高的戒指帮女孩试戴，最终女孩比较满意一款六爪皇冠镶的50分戒指，但还是觉得价位有些高，一定要让我帮她申请更合适的折扣，并且想要我家的大熊，我说可以帮她申请看看，后来答应送熊给她，她还是要我打电话帮她申请折扣，我很为难的和她解释，这时她男朋友很不耐烦的起身说出去抽烟，我真怕顾客就这么走了，便答应再帮她申请一下，我便假装给领导打电话申请，拿了一个60分的戒指回到女孩面前，很为难的和女孩说折扣是真不能再低了，让她试戴一下60分的这个戒指，又帮她分析了一下这枚60分戒指的优势，最终女孩终于点头让我开票了！那一刻我真的有点小激动！可是由于大熊在店里摆放时间太久，落了很多灰，嘴巴也开线了，女孩又犹豫了，我又赶忙借来针线，把嘴缝好，把灰弹了弹，女孩终于接受了！虽然这笔销售是一次性达成的，但我的心一直都在悬着！男孩脾气的急躁不耐烦，女孩的犹豫不决，使我的精神一直处在紧绷的状态！但是我没有因为他们的态度影响到自己，没有放弃，所以我成功啦！

我选编了其中的成功销售案例，编撰了《成交案例集》。在培训中，《成交案例集》是可以让缺乏经验的导购快速相信公司、相信产品的有效方法。一个个鲜活的成交案例，对于提升年轻导购的自信起到了强心剂的作用。在客人提出难于应对的问题后，导购们会迅速从案例集上找到一个成交故事来讲给顾客听，帮助顾客通过形象的事例来转换看待价格、品质的角度。由于讲的时候自信、生动，对于现场销售的成交是有着加分作用的。真实的成交案例让员工在为客户服务中有话可讲，也深信公司的商品是可以成交的。让员工相信公司是销售力的最佳提升。

第二十四招　总裁激励最有力

激励员工是大型门店管理者的一项重要工作。旺季时，不怕劳累冲销量；淡季时，开动脑筋做市场。这些工作要想有效，都必须建立在员工主动付出、主动工作的基础上。激励理论可以提供多种方法供管理者借鉴、使用。这些激励方式中，总裁亲自给大家的激励是最有成效的激励方式。在美国 NBA 赛场上，快船队有一位第一球迷，他就是快船队的老板，作为老板，他知道如何激励教练和球员，不是采用了什么高深的激励制度，而是他亲自到场，充满热情地为球队加油，没有什么激励方式比这个更有力、更有效。

作为大型门店的员工，从层级上是很难接触到总裁的，更不要说与总裁沟通了。总裁就像生活在神话中，听到的更多的是关于总裁的传说。笔者曾在国内某知名钻石商场连锁企业商学院担任负责人，在这家大型连锁钻石门店开展阶段性培训总结时，曾策划了《总裁励志日》活动，在培训效果总结会上，邀请总裁到场给全体员工鼓劲、加油。总裁的激励是最大的激励。

×××总裁励志日活动方案

■方案背景

目前，×××商学院已经完成了中高级管理人员、基层工作人员的励志心态方面的培训。管理学告诉我们，对员工最好的激励是员工得到认可。为强化此次培训效果，提升培训力度，我们设计了×××总裁励志日活动。

■方案设计

时间：本周五，交接班之际

地点：×××店

活动宣传：

1. 请×××总裁莅临现场与全体员工一同观看《我相信》培训总结视频，然后发表激励讲话。

2. ×××店店长讲话

3. 讲话完毕后与员工合影。

■总裁讲话稿

各位×××同仁，下午好！

听完各位在×××商学院成功激励课堂上的激情演讲，我很受鼓舞。你们就是×××最珍贵的钻石，正是由于各位辛勤的付出、炽热的服务，才使×××发出璀璨的光芒。

“让一线员工成为顾客心中最美的钻石”，是×××商学院的办学宗旨，也是×××商城对于员工的培养目标与工作要求。我愿意将×××打造成每位员工实现梦想的地方，×××等着各位去改变，我相信每位辛勤员工必将在钻石上打上自己的烙印，绘出最美的钻石人生！

通过这次总裁励志日的活动，普通店员受到总裁大力鼓舞的同时，总裁也被大家的热情所感染，这个总裁励志日就这么延续下来了，成为公司的企业文化的一部分。

第二十五招　服务演练提技能

日常经营中，店面需要注意服务演练，来应对垃圾客人。我曾亲眼见到一个一点点小事导致的冲突。一日早上上班的地铁，比较拥挤，一位中年男士在指责一位年轻的女士在上车的时候挤他。这位女士也不甘示弱，马上反唇相讥，最后演化成了一场骂战。我作为旁观者，有这么一个感觉，那位男士估计就是那种年轻时缺少涵养、长大了还是缺涵养的人，涉及自己没小事的人；那位女士呢，缺乏处理方法，太敏感了。如果事件回放一下，当这位男士表达不满时，这位女士如果讲："对不起，着急上班，不小心挤着您了，对不起啊！"这个早上的骂战就有可能避免，即使是这位男士不依不饶，旁观的人也会指责这位男士、帮助这位女士的。

联系到实体店经营，实体店每天要接触形形色色的客人，大多数客人都为通情达理之人，但也不排除有一些像上文中的那种难缠客人。这种难缠客人的客诉就像垃圾，会让大家情绪都不好。事情会逐渐升级，越弄越大，甚至会导致店面一两天内的生意都清淡。他的出发点根本就不是解决问题，而是成心找事。不满足他的要求，就大吵大闹，甚至打砸。我曾经遇到过一个这样的客人，他自己当时选的货品，非要求退货；这个退货要求已经超出了公司规定的政策，由于不能给予退货，就当场发飙，脑袋撞墙，甚至做出要跳楼的样子，折腾不已。最后还是经理出面，明确告诉对方不能退货，如果需要换货，经过鉴定原物无恙后，本人写出申请，公司给予特批调换。这位难缠的主一看，这么麻烦，自己也捞不到什么好处了，只能自己选择考虑、考虑，给自己找个台阶下。来反思这起客诉，在刚开始员工明确告知客人不能退货，上面就存在瑕疵。由于担心客人闹，员工就对客人卑躬屈膝，由于卑躬屈膝让客人得寸进尺了。

我们一些店员在面对这样的难缠客人时，有许多是不知道怎么对付的，往往是按照自己处理日常冲突的方式来处理，这样的结果容易出现不可控的局面。如实体店要求微笑迎客，可是面对一个无理取闹的醉酒客人，如果按着公司的要求对着他微笑，那有可能让客人理解成一种挑衅，反而导致矛盾升级。因此我们在开门营业之际，要注意培养店员处理客诉的能力。培养客诉的能力，最好的方式就是时光倒流式的情景演练。这个情景演练就像演话剧，拿一个过去引发客诉的实景案例，让参训的店员去演出导致冲突升级的版本，然后再集思广益演出怎么大事化小小事化了的平静版。这种情景剧似的演练，由于是亲身参与，前后对比，会让店员感受非常强烈，对于店员行为举止的改变要大于一般的讲授，更大于简单的文字阅读。在行为学中有这样一个规律，即要想让一个行为发生改变，首先得先记住相关知识。通过情景演练的方式，使如何面对垃圾客人，可以直接嵌入在头脑中，在店面经营中如果出现类似的事情，由于演练过，那么自然而然就知道怎么去处理了。

第二十六招　团队建设三法宝

团队建设是我们这些年来喊得最多的一个问题。但怎么进行团队建设，却没有一个具体的方法。团队建设的主要方法是培训、示范、关心，工作重点为教育。

随着生活水平的提高，人的自我意识越来越强。我们可以看看自己微信的朋友圈，里面有大量的朋友发了自我意识明显的帖子。这些帖子无不是在肯定自己的能力、外表（得瑟）和生活状态的展示。当带着强烈的自我意识的员工走入团队中，他们会鄙视、轻视别人。

作为团队的负责人需要打压员工这样的情绪。这个世界上比你有能力的人，比你抗住更多苦难的人多得是。我们需要做的就是发现自己的优势，把自己的优势与工作相结合，这样才能找到效率更高的工作方法。

示范，提倡主动工作。人的能力是怎么提高的？马云不是生来就能搞成阿里巴巴的，他是在干中成长的。我们在工作中鼓励那些主动为企业出谋划策的人，主动写方案的人，主动为别人搭把手的人。这样的人多鼓励他，他的想法、做法受到重视，他会越来越喜欢主动工作的。这个主动性会传染，甚至在两个人有了矛盾的情况下，都会由于一方的主动示好而缓解矛盾。

作为团队领导者，我们要引导员工多考虑多方受益的事。这样的行为由于有意义，所以往往会坚持与持续下去。例如福利彩票的模式，国家、摊贩、中奖者、捐献者，均为受益者。作为商业企业，主动工作需要从全心全意为顾客服务来着手。全心全意为顾客服务，就是想顾客所想，急顾客所急。不能拿你的专业思维来考虑顾客需求。以钻石企业的销售为例，有顾客问 0.49 克拉与 0.5 克拉有什么区别。我们要是向顾客讲，0.5 克拉以上会有克拉溢价，所以贵好多。这就是用专业思维来回答顾客。如果我们讲，克拉溢价就像 59 分与 60 分的感觉，消费者就会更清楚。所以对顾客全心全意不仅仅是服务规范与礼仪，还要从顾客角度看问题，解答问题。

关心员工，主要是关心员工作为社会人，他的社会属性。比如，他可能是儿子、父亲、女儿、母亲等。由于有这些社会角色，那他就要有完成这些角色的能力，我们当领导的需要努力帮助他们顺利演好这些角色。我曾有一位同事身材肥胖，总是在减肥中，打了一个冬天的羽毛球，都没见到他瘦一斤。可他第二个孩子出生后，一周后见他，他整个人就几乎小了一半。原来他在医院忙碌照顾刚出生孩子的同时还需兼顾家里的那个大孩子，两头的忙碌耗费了他大量的精力。作为主管应该及时帮助他，如果可以给他实际的帮助，他肯定会以百倍的工作热情来回报工作的。

第二十七招　销售有方靠三力

现在有百度大学这样的网络资源后，培养了一大批自学成才的消费者。在他们购物前，会做一番功课，这样对我们的销售人员就提出了更高的要求，否则销售难于进行。

培养员工的销售力，可以从两个角度进行，一个是了解消费者；另一个是培养销售力。今天我们来谈谈培养销售力。

1. 第一力，相信之力。相信公司，相信产品。这个力是所有销售力的基础。对于所有销售人员而言，没有比相信公司、相信产品后，所激发的自信、热忱更有力量。这个力量怎么培养？笔者在培训实践中，曾搞过有奖征集活动，让一线销售撰写成功案例。通过征集案例，我们编辑成册后，再发给销售人员，要求熟读熟记。等员工熟读熟记后，对于企业、产品的信任就自然而然地诞生了。这种自发的诞生，比任何说教都有效。

2. 第二力，专业力。消费者所购买的产品，可以从购买时所需专业知识性、参与广泛性两个维度来区分，共四种类型。例如钻石就是属于高知识高参与，滑板用品属于高知识低参与，矿泉水饮料属于低知识低参与，买菜属于低知识高参与。对于高知识，高参与性的产品，必须要求我们提高自己的专业能力。因为客人会下工夫研究，至少会货比三家。这个专业性的培养，可以让员工去做竞争对手调查，通过对竞争对手的了解，与顾客沟通时，通过准确评点竞争对手，赢得客人的信服。第二，多看专业杂志，专业杂志是培养专业化思维方式的一个途径。只要坚持不懈的阅读这方面的杂志，三个月能让人脱胎换骨，四年后你就可以成为专业人士。

3.第三力，了解力。俗话说，读万卷书不如行万里路，行万里路不如阅人无数。这个阅人无数，就是我们这里的了解力。销售应该尽力了解消费者，对于消费心理要深入把握。大家可以换位思考，如果你是消费者，在买车时，遇到什么情况就不买了。把这些情景一总结，再从消费行为角度解释，自然大家就明白了。

第二十八招　阳光心态铸强兵

曾有行为学家做过实验：在两个铁笼子里分别关了两只狗。这两个笼子有个机关，可以对狗实施电击。不同的是，其中的一个实施电击时，会先有指示灯闪烁，另一个则是悄悄的突然实施电击。笼子中有一块垫子，如果狗狗卧在上面，由于绝缘就不会遭到电击。

大家考虑一下会有什么后果？结果是有灯的笼子里的狗，在经历过刚开始的惊恐后，发现窝在垫子上安全，就不再惊恐，而是老老实实待在垫子上。而另一只狗却表现得令人担忧，无论电击与否，它都选择了不反抗，垂头丧气，心情抑郁。即使打开笼子，它也选择视而不见，心态消极。

店铺员工最容易离职是什么时间？第一个月是最容易离职的。一个刚入职的员工，为了迅速融入公司，会与老员工故意亲近。老员工会和新员工讲什么？一般而言，会是对公司的抱怨，没有饭补、没有假期、没有倒休等负面信息。在这里这个新员工就像遭到电击的狗，打入职起耳朵里就一直是负面消息，本来积极进取的心也慢慢地变成了看破红尘、感觉来这里上班有种上当受骗的心态。

鉴于此，笔者建议店铺有新员工入职，一定要安排积极进取、阳光心态的老员工来带新员工，多讲正面的话，从积极的角度来理解问题、解释问题，就不容易出现习得性无助。

第二十九招　四本书培养好手

营销工作被人们认为是容易做的工作，没有什么技术壁垒。他们能给出的建议往往会是态度好点就能把东西卖给客人，好像这个工作不需要什么技能。如果真交给你一个门店，门店的营销你会做吗？门店没有客源怎么办？

营销工作可不是想得那么简单，这是一个融知识、技能、艺术于一身的高难度工作。要做好这一工作，必须培养营销人才。

知识方面的培养。知识方面的培养没有捷径，就是多看书。但看什么书就有讲究了，在此笔者推荐四本书：《细节营销》《自控力》《街头创业经》《经济学原理》。特别是第一本的《细节营销》，可以让你在轻松阅读时构建起一个完整的营销观念，树立营销思维。这本书从 4P-4C 的框架来考虑营销问题。按照此书的思维方式开展经营管理，形成思维习惯后，就收到了“T”型人才发展的纵深效果。接下来，可再仔细阅读其余的三本书，这些书对于提升自己的管理能力是非常有帮助的。

技能方面的培养。营销技能，一定是做出来的，而不是想出来的。因此，这个营销岗位，在初期，一定是专职岗位，不能是兼职。什么样的组织结构，决定了什么样的组织行为。由于专职做营销，他也就没有借口不努力了。第二，营销岗位一定要有相应的经费。许多人不愿意做营销或者是不敢做营销，原因往往是这个。巧妇难为无米之炊，营销是需要花钱的，哪怕是印盒名片，打个拜访电话，与客人吃顿饭，喝个茶，做个企业宣传手册，送给重要客人一个小礼品等，都是需要经费支持的。另外，赋予这个岗位一定的经费额度还有一个好处，由于他需要考虑怎么把钱花掉，他的营销技能就做出来了。作为营销人员的负责人，一定要求营销经理在提交营销计划时，提交书面计划。一个计划，用笔写出来了，写的过程就是逻辑化、合理化过程，这样执行力会比较强。

艺术方面的培养。笔者对于营销艺术的理解是这个人整合资源的能力。整合资源的意识的培养，笔者建议要多看有创意的广告、营销类杂志比如《成功营销》《销售与市场》及新闻，特别是财经类新闻。看的过程，其实是一个营销案例丰富的过程，看得多了，想得多了，会不自觉地应用到自己的工作上去。由于天天思考，自然就会有出色的、令人叫绝的想法。

第三十招　企业要防表面美

近几年来，与民营企业打交道，做项目，有了这样一个感觉。在项目洽谈初期，感觉这些企业很规范，做事什么都有流程，依着程序要求我们乙方提交相关的文件。按照对方的流程走下来，等签约时，我们甚至都要准备非常高大上的文件夹来迎合他们。还有另外一个感觉，就是这些企业非常的不差钱，位于著名的商业区，通体的玻璃大厦，街景一览无余。在初次接触时，心里多少还需要克服一下甲方极其奢华的环境给自己造成的压力。

等签约了，进驻了，原先崇拜的心理却开始遭受挫折了。原先感觉的鲜明流程，现在却成为企业内部束缚大家的绳子。企业的员工像一个个粽子，工作既不主动也毫无创新。企业原先不差钱的感觉，也觉得不是那么回事了。每次企业发工资，大家心里都在嘀咕，这个月能按时发出来吗？

今天我做一个自我剖析，看看是什么心理。

1．初次接触，抱着良好的合作心态。毕竟对方是甲方，我们作为乙方想承接对方的项目，客户是上帝，上帝哪有不好的啊。为了把项目谈成，乙方对于甲方的要求，往往会当作圣旨来应对、完成。

2.心虚的乙方。项目的整体构想，创意肯定源自乙方，但甲方会在付款阶段提出要求，也就是要求乙方提供收费依据和验收标准。乙方如果在这些方面准备不足，容易产生心虚的心理而高看甲方。

3.富丽堂皇的写字楼。在中国许多行业民营企业是难于进入的。这样民营企业只能进入处于自由竞争的市场，政治经济学告诉我们，开放的自由市场，也就只能取得一个平均收益率。民企，往往不像国企有自己的办公场所，所以为了做生意方便，租个高档一些的写字楼来充门面，提升自己。

4.长官意志当道，流程是护身符。民营企业由于人员的不稳定，为了安全起见，容易拉帮结派。另外，容易出现一朝天子一朝臣的局面，总监们喜欢带自己的旧部，这样工作比较好开展。为树立自己的权威，用流程来塑造领导权威是最容易的事。如果不按流程做事，那就会被打板子。在这样的企业，按照流程做事是最不容易出错，不求无功但求无过，这样工作自然就是流程当道。

想明白了以上几点，以后和这些企业打交道时，就要把心态放平和了。无论是甲方还是乙方，大家赚钱都不容易，即使甲方给你金碧辉煌的感觉，但他的经营、管理不会比乙方强，否则他找你干吗？

第三十一招　自发创造要鼓励

曾有一位大客户经理向我请教，怎么开拓市场。与大客户经理的沟通中，无论我如何出主意，她的回答都是方法都想过了就是行不通。可她的公司这次组织结构调整中，对大客户部的任务做了大幅度的提高。以前，大客户部只能完成不到 50 万。新任务高达 3000 万，这是怎么完成的呢？解决办法是公司老总采用了渠道合作的方式，找了一个直销公司与公司合作。

这个例子就是一个非常好的认知创造力的例子，体现了老板对于问题的解决能力。

自发认知创造力需要的是遇到一个问题后，暂时放下手中的工作，在做别的工作时带着思考，说不定解决问题的思路就会出现。像上文大客户部的问题，解决的办法就是采用了合作形式。大客户部经理就缺乏这种自发的认知创造力，问题的根源在于她是一个中规中矩的经理人，有想法了汇报，老板不同意，就停止了。可我们一定要清楚，如果某个业务坐着能赚钱，给民营企业做的可能性很小，因为赚钱容易的好买卖都让大企业垄断了。

培养自发的认知创造力，需要我们踏踏实实去做，平时注意收集信息，在遇到问题时，允许自己一时解决不了，带着问题生活、工作、收集信息。解决问题的思路，就会在长期思考中不经意获得。这里的关键词是边做边思考。

凡是爱讲体制问题、政策问题、领导不重视的管理者都需要培养自发认知创造力。如果爱琢磨，有了自发认知创造力后，就会发现高明的商业人才，不是亲自解决问题，而是通过社会协同，找到能解决问题的人来达到解决问题的目标。

技术篇

32–57 招

经营技术（32-42 招）

第三十二招 门店就是引流商

以笔者所在的供销社系统为例。日用品销售、开门店是供销系统的主要业务，目前供销社系统上下都在积极投身电子商务的建设中，关于电子商务的讨论已经不是要不要搞的问题，而是怎么搞的问题。虽然当前的电子商务被几个巨头所垄断，但供销系统的内部也不乏奋勇拼搏、积极进取的典型。根据笔者在培训工作中的调研，将供销社所开展的电子商务形式做了如下的总结：

1. 地主型

此类型的供销社电商模式为利用土地、资金、政策资源成立电子商务园区，对所在辖区的电商公司、电商个体户进行招安，形成气候后，再成立电子商务协会，获得更大的话语权。

2. 佃户型

此类型的供销社电商模式为利用成熟的电商平台在上面开馆、开店，精耕细作这些馆、店后获得良好的经济效益，得到相关部门的认可后，再谋求大发展。

3. 单干型

此类型的供销社电商模式为对现在成熟的电商交易平台、社交平台、互联网 1.0 时代的门户网站照猫画虎地整合出一个有交易功能、信息发布功能的网站。

供销社的电商各路英豪凭借自己的冲劲，从上述三个方向杀入了电子商务领域。虽然三种模式的思路不同，但是在发展过程中都绕不过一个问题，那就是流量从哪里来？互联网是关注经济，关注就是流量，如果没有流量，那所做的互联网基本就等同于自娱自乐。笔者在培训现场与一些学员交流时，也涉及了这个问题。学员讲：模式可以仿照，但是在预算有限的前提下，怎么能让更多的人知道、使用呢？

解决这个问题，笔者觉得还得从供销社自身来想办法，供销社先天就是做流通的,各地的供销社往往都会有从事商品销售的门店。如果搬用互联网的思维，争夺入口、争夺流量，那作为先天人员聚集的场所——门店，不就是天生的入口吗？

笔者结合自身的研究向诸位做一个说明，怎么利用门店这个天然入口来开辟供销社电商的第四种模式：利用门店的自然客流，采取“互联网 +”，为客人提供更多的生活服务。

移动互联网由于实时在线与基于使用者位置的服务，使得 O2O 成为可能。门店作为销售的场所，既可以售卖实物产品也可以成为提供无形服务的“正规集市”。这个“正规集市”上售卖的服务类产品包括家政、电工、美甲、美容、送餐、洗车、居室维修……作为门店只需开发一个 APP 或者就连 APP 都无须开发，一方面整合提供社会服务的资源（这些资源需要门店的认证、培训），另外一方面向来门店的顾客推广上述服务，鼓励顾客使用。由于服务本身不需要固定成本的投资，因此可以采用门店的购物积分来换购门店所整合的社会服务。

我们可以畅想一下，门店涉足 O2O 电商后，会出现的情形：

所提供的本地生活服务由于得到了门店的认证，解决了消费者的生活难题与信任问题，所形成的“正规集市”会有自我成长的生命力；由于消费购物积分与换购服务相关联，这样同样也会增加进店的消费人数，促进店面销售业绩增加；涉足 O2O 后，电商人才的成长、培养又会对门店、供销事业起到新的促进作用，这就像一名学生找到学习方法后从此成为绩优生，供销社也会发展成为电商新贵！如果一项需求持续出现，那就存在利用互联网技术来满足这个需求的可能，这个需求不外乎就是需要客户体验或降低成本再或提高效率。

第三十三招　提防网络降能力

现在有了互联网，信息获取越发容易了，特别是移动互联网的出现、微信的应用普及，人人都可以成为自媒体，知识经验共享成为非常容易的事情，但我们需提防网络废了我们的武功。下面为我在某个微信公众号里下载的营销方案：

2015 年低价促销月系列促销企划案

总主题：

燃情低价 席卷全城

主题文案：

将低价促销贯穿整月（4、5、8、11 月）目的就是拉动整个公司销售市场份额，利用淡季带动整个公司门店销售业绩

三个主题月促销换取第 13、14、15 月业绩

活动档期：

2015年04月01日——2015年04月30日

2015年05月01日——2015年05月31日

2015年08月01日——2015年08月31日

2015年11月01日——2015年11月30日

基本目的：

在本方案执行期限内，通过商品单品促销与活动运作，力求提升2015年超市商品形象与特价形象。同时，借助低价促销月档期的良好时机，全面发起2015年淡季营销攻势，采取持续化链接式的整体运作手段，力争在广告传播、促销手段、店面氛围、商品组合、价格定位等方面全面挤压、袭夺市场、打压竞争店之既有市场份额，从而促使本档期实际业绩在同比、环比数据指标方面有较大的涨幅，为2015年销售任务达成做好铺垫。

促销纲要

一、DM档期计划

时间	进度	版面规划	单品数量
开档前10天	选品会结束，促销商品定稿	大8开4P	160—180支（参考）
开档前6天	DM商品拍照、排版、印刷		
开档前2天	海报发放		
促销执行			

二、主打促销商品组合

类别	数量	品项列举
蔬果	12	时令蔬菜、水果、熟食、面点等
水产	6	鱼、肉、蛋、禽
日配	3	低温肠、奶制品、速冻水饺等
粮油	4	大米、食用油、干货、调味品（粉）、方便面等
酒饮	5	各类品牌饮料、白酒、乳制品等
冲调	8	冲剂、保健营养品、咖啡、麦片等，侧重女性补品
休闲	7	薯片、蛋糕、果脯蜜饯、袋装熟食
洗化	15	品牌个人洗护用品、纸制品等，侧重春天换季护理品
家用	20	价值较高的小家电、餐具、厨具、清洁用具、玩具等
服装	10	以春装上市、换季为主

三、促销活动组合

1.“均一价”店中店

本板块促销商品群主要以饮料、休闲、洗化类中的低价畅销品为主，在卖场开辟专卖区进行量贩陈列，要求规模化大堆陈列，上方辅以醒目促销海报导购。

实施要点：商品售价统统2、5、8、10元，单品数量38～100支，具体单品种类由门店确定。

2. 购满48元，鸡蛋拎回家

时间：××月×日至××月×日

地点：超市客服台

活动方式：

凡在本超市一次性购物满48元的顾客，均可在客服台免费获赠鸡蛋 4 枚！单张电脑小票不累计，即每人每张单张小票限送一份，特价商品除外。

操作要点：

门店拟提供 4 枚一袋的鸡蛋 200 份，在活动中视参与情况多退少补，客服人员在审核小票时以减去特价商品计算活动金额。

3.“幸运三色球，狂购沾喜运”

时 间：×× 月 × 日至 ×× 月 × 日

地 点：超市服务台

活动方式

活动期间，凡单次购满 48 元以上的顾客，可凭当日单张收银小票参加在抽奖箱内抓取乒乓球活动，若抓出的三只球颜色一致，则可获赠价值 10 元礼品一份，若抓出三只球颜色都不一致，可获赠价值 3 元礼品一份，抓出两种颜色可获赠小礼品一份。单张小票可累计，多买多抓，即购满 96 元即可抓取两次，以此类推。

活动规则：

● 每次抓出乒乓球的数量三只为有效。

活动执行：

● 门店准备市场价 10 元左右的赠品（赠品选择需为民生必需品或季节性敏感商品），拟先提供 200 份，多退少补，在活动中间视参与情况追加或退回。赠品到位时间为 × 日前，落实后转交活动负责人接收，在活动区陈列。

● 专人负责制作活动抽奖箱与乒乓球（共 60 只）的着色。

活动执行人员由门店主任安排落实，所有中奖顾客须有统计登记。

四、DM 发布计划

规格印量

◇ DM 规格：105 铜版纸大 8 开单张双面

◇ DM 数量：10000（乡镇店自定）

如果在百度上检索门店营销方案，会有许多类似上文的门店营销策划方案，可供我们门店经营管理人员参考。在参考借鉴时，我们必须认清一个事实，那就是网络为我们提供了便捷高效的经营策划文案，但这些文案都有一个硬伤，那就是这些文案仅仅是文案，没有经过实际调查，多是一些闭门造车。商业的本质是尊重人性，满足人的需求。我见过许多方案，都提到了为顾客提供赠品。就案例中出现的“凡在本超市一次性购物满 48 元的顾客，均可在客服台免费获赠鸡蛋 4 枚！单张电脑小票不累计，即每人每单张小票限送一份，特价商品除外。”这一赠品方案，我认为存在一些问题。整个文案策划是为了淡季冲销量，主题就是靠低价、买赠活动来刺激销量。在这个送鸡蛋活动中，顾客对于送鸡蛋是否感兴趣？感兴趣的顾客是不是我们主流的消费人群？我们可以想象一下，如果是连饭都不愿意做的年轻人，超市送鸡蛋，这个活动是鼓励他消费还是抑制他消费？

其实，淡季的真正思路，是做市场，而不是简单的通过买赠、低价来冲销量。现在的消费者出现了以下的消费趋势，吃得越来越少。如果某一个超市，只是为了让顾客多买，那往往是在透支消费。对于淡季做市场的问题，应该多了解顾客。了解他们的心理需求。对于城市消费者，由于每天在城市中封闭，特别渴望对大自然的向往。针对这种向往，门店在四月能不能发起一个户外用品节，为消费一定数量的顾客送户外照片冲洗、送风筝、送计步器等与户外有关的礼品。顾客一般不会花钱去买的商品，作为礼品是最好的礼品，如计步器、照片冲洗等。由于智能手机的普及，我们的拍照变得犹如喝白开水一样随意与方便，可照完后，照片大多数都沉睡在一些电子储存介质中，照了也就照了，几乎没有人去冲洗，时间久了这些照片就被遗忘了。如果卖场为顾客提供照片冲洗服务，顾客将照片打包发至指定邮箱，然后凭票领取照片，既让顾客觉得这个礼品解决了顾客对于电子照片遗忘的问题，又会促成顾客到门店领取照片，顺便购物。

这个创意的提出是基于对顾客日常生活的了解，对顾客行为、心理的熟悉：现在是一个物质丰富的年代，大家缺乏这样的珍惜感。例如，每个人电子照片的无成本拍摄，人们只是去拍，却不去冲洗、保存这些回忆，总觉得就在手机里、电脑里存着。但实际上，一般这些照片都沉睡在这些电子存储介质里了。

在这里笔者提醒各位店面经营管理人员，互联网、移动互联网上的策划方案只能是一个初级的借鉴，不能为了搞活动，就直接去网上下载一个，不结合对于本区域消费者的了解就直接使用。如果这样依赖网络，那岂不就是自废武功，放弃了自己的优势，把自己的经营命运维系在那些闭门造车的方案上。

第三十四招　创造价值差异化

现在开店搞经营，竞争越来越激烈了，经营者都知道做差异化是突破口。可问题是怎么才能做到差异化？

我们先看一个案例：笔者有一位来自北京顺义农村的学员，家里拆迁获得了一大笔钱。有了资金，他想创业开一个农家乐。客观地讲，他的投资方向非常正确。我们可以观察到，随着经济收入的增加，人们对于休闲度假的需求越来越强烈。每个城市周边都出现了环绕城市的旅游带。因此，他的创业方向没有问题，也就是说，战略方向正确。

他的商业模式是“农家绿色餐饮＋郊区休闲活动”，由于有场地可以设立垂钓园，供来客休闲；餐饮的食材是绝对绿色散养的土鸡，绝对不给鸡打针吃药。然而风风火火干了5个月后，赔了30余万，暂停营业后，这位学员前来找我，让我帮他参谋参谋。可以看得出他十分苦恼，也不甘心，我首先让他自己分析失败的原因。他把经营失败的原因归结到了店里的炒菜师傅，说店里所找的厨师不行，烧出来的土鸡，味道不能让食客流连忘返；说如果能找到一位技艺高超的师傅，炖出来的土鸡如果味道是顺义一绝，他的生意就会兴旺。

在听了他的分析后，笔者指出了他的经营问题。商业模式设计没有任何问题，但在打造差异化上出现了误区。差异化不仅仅是产品差异化，而是价值差异化。这种靠菜品绝佳风味来吸引客人的方法，就是靠单纯产品特色来做差异化的方式。产品有特色，经营肯定会好，可问题是能找到这种有独门绝技的厨师吗？就是能找到，付得起工资吗？这只是问题的一个方面。这种口味独特的炖土鸡，适合所有的客人，可怎么能让所有的客人知道这么一个有独特风味的店呢？

从市场营销角度来看，差异化不是产品的差异化，而是价值的差异化，靠这个独有的价值形成市场。市场就是指对这种价值认可的客人。按照这个思路，笔者给这位学员出了一个主意，把自己的农家乐定位于“城市疲惫一族，休闲宝地”。当今，超快的生活节奏下，会出现大量的身心疲惫的职业人群。顺义就在北京边上、交通便利，开上车来这里自己抚慰一下自己受伤的心灵，玩一玩垂钓、吃一吃炖土鸡，是很好的释放压力的方式。只要我这位学员，坚持这个定位，从缓解城市疲惫一族的角度来提供服务，在这个已经被微信（移动互联网）连接起来的世界里，这些来的客人会帮助他传播这里是“城市疲惫一族，休闲宝地”的信息，从而吸引更多的客人。

第三十五招　便利就是大卖点

如果是在早晨走进“7–11”便利店，在店内可看到，三四个个店员正在柜台前忙碌，购买热食的顾客排起了队，不少顾客买了早餐就直接在用餐休息区“解决”，热闹景象堪比午餐时段的饭店。笔者数了数，该店的热食种类有近 30 种，从主食到小吃、热饮，品种很丰富 ，这就是从便利角度出发塑造实体店经营差异化的最好案例。

同样注重热食的还有华堂超市，地处三里屯商业区的华堂超市，提供快餐盒饭和比较舒适的就餐环境，还专门配备了用餐区服务人员。该店吸引了不少在周边工作的职员。中午 11 点 45 分，店内快餐区排起了长队。此外，也有逛街的市民来店内用餐。这里的快餐比饭馆性价比高，买一份两个菜的套餐才十几元，而且卫生情况也让人比较放心。

从上面的案例中我们不难看出“便利”和“与消费者近距离”应该是社区店最大的特点。它与社区居民接触频繁，可以以更便利的方式为其提供更多产品和服务。

下面就从便利的角度切入，讲一讲如何塑造便利店的差异化优势。

老年社区便利店定位于银发一族。社区也和人一样，有幼年、青年、老年期，新建的小区往往是年轻人、孩子居多，可随着时间的推移，社区也和人一样，会越变越老。老年人体力有限，他们日常的活动范围仅限于小区附近，社区店完全可以经营老年人产品及引进一些针对老年人的服务项目。社区便利店可以经营一些老年人用的特殊生活用品，如老人床垫、手杖、轮椅等及生活辅助商品如老花镜、助听器、假牙、假发等。

学生社区便利店。如果附近有大学，我们的便利店应该从提供学生便利的角度来展开经营。年轻的学生对于生活上的事情，往往会嫌麻烦，会有懒的思想，但同时还是一个吃货。因此位于学校附近的便利店可以提供煮熟的玉米。学生中爱吃煮玉米的有很多，大部分都是馋嘴的女生。这样他们想吃的时候就随时可以买，非常的方便。还可以提供热水，这点很有必要，因为到学校开水房打水，作为学生都不爱去，特别是男生。我们便利店如果能提供热水的话一定会受到那些由于一些原因没有打到热水的同学的欢迎。当然如果能再有一个复印机就更完美了。现在的年轻人都会有支付宝、微信，因此从支付环节提供便利也是一种塑造差异化的方式。

便利店要做好“便利”文章，便利店的价值就是“提供便利”，因此必须从小处做起，做好每一笔生意。与一般的大超市不同，便利店既卖日常生活用品，又可提供多元的便民生活服务，如免费供应开水、代缴费、为手机充电、为自行车充气、打印数码相片、代收干洗衣物、代订鲜花、代订各类演唱会门票及设立自助缴费终端，甚至代办培训报名、代订考试教材等，这种深入社区居民生活的增值服务，有助于聚集人气。

第三十六招　经营技术要研究

本部分资料是从经营技术角度来展开资料搜集与整理。本书所提及的经营技术，是综合消费行为学、市场营销学、心理学等学科中可以直接操作的观点而来。

1. 天天运来社区便利店的经营管理技术集锦。

（1）天天运来社区便利店坚持无最低消费，上门送货。

点评：便利店为顾客提供便利就是一种塑造差异化的思路。日常生活，柴米油盐酱醋茶，居家过日子难免会有某个日用品家里短缺。天天运来推出的此项免费送货服务，就是顺应了这种需求；中国人比较重视人情，由于店里没有最低消费的设置，让顾客产生了愧疚心理，反而锁定了顾客。笔者曾有过电话订货的经历，做饭时发现盐不足了，一个电话一元钱的盐，便利店也高高兴兴地送货上门。在我急需盐的时候，给我送货，这是在帮助我，是我的朋友啊！爱屋及乌，我长期选择了这家便利店，反而不太关注价格了。

（2）天天运来社区店在开展送货上门的同时，针对进店客人开展会员销售，享受比免费送货更低的会员价。

点评：作为店面运营要想让业绩提升，那必须是店里得有客人，因为客人由于在店里逛，无目的的即兴购买是实体店的一个主要业绩来源。这种即兴购买往往客单价高。如果天天运来开通了电话购物，表面上是增加了一个销售渠道，但同时也存在一个风险，即电话购物是目的性极强的购物形式，这种购物客单价往往不会太高。因此为了吸引客人到店购买，他们推出了会员销售，到店购买的客人享受会员价。这样来保证两种销售渠道互不冲突。

（3）天天运来便利店打造了一个生活圈，主食 + 缴费（生活服务）+ 日用品超市 + 上门送货，这个生活圈会牢牢地吸引客户。

点评：便利店经营要有平台化经营的思想，不能只是自己唱独角戏。在这个案例中，吃喝拉撒睡，天天运来打造的这个生活圈，解决了前三项人们生活的需求，为了新鲜，现在的人买主食都会吃多少买多少，因此每日都会去购买。这一到现场购买就会激发起即兴的购买欲望。笔者还见过一个叫“每日生鲜”的连锁超市，它们的做法是设立店中店的主食厨房，这个思路和天天运来的思路比较接近。

2. 卖场可以为了鼓励人们在平峰时段购物，推出了上午积分翻倍，卖场还推出了节假日、生日积分翻倍。

点评：本案例有两个技术点：①管理信息系统为客户管理提供了高效的方式，可以这样说，卖场的计算机信息管理系统能干什么，决定了卖场能干什么，卖场要重视计算机技术。②卖场实行客户积分，属于一种超出“顾客”预想的回馈。

3. 超市推出了暑假儿童活动。推出周一至周五活动课程，周一超市儿童乒乓球赛、周二画画大赛……

点评：跨界营销是提升竞争力与创新营销的法宝，暑期儿童如何过得更有意义，是一个重要的话题。大型超市可以推出此活动，一定会得到附近社区家长的认可。公益营销要满足真正的痛点，效果才好。暑期学生放假，学生的去处是个问题。这个案例中终端门店利用它的组织优势和场地优势，开展暑期活动，将大大密切自己与社区居民之间的关系。

4. 会员卡按目标趋近原理设计，会员卡消费满十次送赠品，但办卡时，已经是直接从第二次开始记录消费，消费者拿到这张卡后，会由于已经有两次消费记录了，消费持续下去的可能性大大增加。

点评：会员卡营销已经是诸多商家营销的方式。会员卡的发放一般有：消费一定额度赠送、花费一定的钱数购买会员卡、免费赠送。消费一定额度赠送会员卡的形式，往往会由于金额门槛而产生心理顾虑，导致办卡不顺利。花费一定钱数办理会员卡，同时赠送有一定使用价值的小礼品，顾客相对比较容易接受这种形式。但这对于会员卡的发放提出了较高的要求，操作难度比较大，短时间内难以迅速提高会员卡发放数量。第三种发卡形式，免费赠送的会员卡，可以迅速提高发卡数量，但除非商家有一定的品牌知名度，否则这样的免费会员卡吸引力会由于免费、消费者没有珍惜的感觉而随意丢弃。会员卡一般都会有回馈消费者的功能，如果发放时，消费者就已经有了消费记录，会出现一种珍惜消费记录的感觉，满十次有赠品，已经有两次消费记录了，那就只剩下八次就可能获得赠送的机会，而对会员卡产生再次使用的情绪。另外，现在智能手机已经得到了普及，可以采用加微信关注，发放电子会员卡；或者登记手机号码直接成为会员，有重复消费的店面，如药店、食品店、美容店、便利店、宾馆都可以考虑此种会员卡的发放形式。

5. 食色，性也，这是人的天生需求。店面如果自己设计海报，在没有专业人员的情况下，难于用创意来吸引人，注意把画面设计成包含食物、性，或者人脸等元素会更吸引人。

点评：店面的促销海报对于销售会有一定的拉动作用，但对于单体店很难有专业的设计人员来设计专门的促销海报，委托小的代理广告公司设计的促销海报，往往只是一种简单的设计元素堆砌，既没有精妙的创意，也没有画面的冲击力。行为学家观察到，海报如果设计元素包含有食物、包含有性的图片或者人脸等元素，会更吸引人的目光。因此，如果实在是没有好的创意，使用这些元素自我创造，既会降低成本又会吸引人的眼光。

6. 西红柿摊贩，对产品进行分类，他的做法是将西红柿分成两堆，一堆上标明自来红西红柿，一堆只是普通西红柿；过一段时间时他再标出本地西红柿和外地西红柿。

点评：赋予产品更多的信息将会让普通的产品变成金凤凰。一般而言购买商品者为成年人，成年人有生活经验与阅历、消费知识，赋予商品更多的信息后，会激活消费者头脑里的储备信息。这样就会产生此产品非普通产品的感觉，进而不再和普通的商品进行比较。

7. 产品的规格不要太多，一般三选一即可；价格设计也是这样，最多为三选一。

点评：实体店经营中，商品的规格并不是越丰富越好。过多的产品规格不但增加生产的难度，也增加消费选择的难度。一般而言，三选一，是选择难度最低的。为了安全起见，消费者选择中间规格或者价格的概率最高。如麦当劳的薯条就是三选一，大、中、小；如果再增加几种规格，估计消费者就会在点薯条时犯糊涂了。

8. 店铺开展网络营销的策略。

（1）做百度，得到流量和信任。

（2）做微博，获得影响力。还可以用找潜在客户，搜索关键词的方法。

（3）QQ 群，做圈子，可以把订阅号转为圈子。

（4）微信，做熟人、朋友、潜在客户。

（5）淘宝，利用支付宝来解决屌丝创业第三方信任的问题。

9. 在实体店门口摆上椅子。物以稀为贵，人们在家里不爱坐怕胖，甚至还需要靠家务来减肥。但在外边逛街、游玩时，却喜欢有座位。在北京朝阳大悦城有一些餐厅在门口摆了一些舒适的椅子，顾客往往会选择坐在上面，顾客猛地一看，还以为是餐厅的客人在等位置。其实，餐厅里面还是有位置的。这样做的好处，利用人们在外边爱坐的心理，造成顾客盈门的印象；由于选择了坐，闻着香味，也许就会去吃，即使不吃，由于印象深刻，下次选择光顾的概率极大。

10. 人们喜欢自己有所进步的感觉，比如学到新知识或技能，如茶楼中教会客人一个简单的茶道。

11. 利用人们的镜像单元神经，如想多卖茶，茶楼就多播放人们喝茶的情形；店面故事比数据更有说服力，所以店里如果有名人消费过，讲讲他们的消费故事，更容易激起消费者认同的情感。

12. 排行榜。人们为什么要购买商品？除了生理必需品外，人们购买商品的目的往往是为了社交的需要。比如礼品。但对于怎么送礼，许多人未必能清楚。如果店面推出礼品销售排行榜，对于降低消费者选择的难度、提升消费有促进作用。

13. 印制优惠券的信息表述方式。

任意式：你可以在中午 12 点到下午 4 点的任意时间享受促销价格。

限制式：你只能在中午 12 点到下午 4 点的任意时间享受促销价格，这两种说法给消费者的感受是不一样的。

14. 人对可预期的未来充满好奇，这种好奇会产生多巴胺，让人忍不住，比如短信的滴声，微信的红点，都会驱使人伸手去摁。店面可以推出一些有预期的系列活动，比如在挂起彩旗后都会有特价品促销，顾客只要一看见门前升起彩旗，就知道有特价活动了。

15. 超市的最佳货架空间留给自有品牌，自有品牌是利润最高的商品之一。

16. 实体店，淡季找客户，旺季服务客户。

17.P O P 广告越大，照片感官刺激越强，效果越好。

18. 商场内显示货源充足，可以激发顾客的购买欲望。

19. 店里应该备有提神之物，可供休息和放松的场所。逛累了，可以来店里喝杯咖啡。

20. 商品以一种有逻辑性的组织方式摆放在实体店里，产品的组织方式其实很简单，只需把功能相近的产品归在一起就可以了。例如将榨汁机和苹果、橙子放在一起，告诉顾客这个可以是早餐的解决方案。

21. 给客人搭配成套的衣服，这样客人会觉得你不是简单的恭维她。对于服装店，给客人推荐衣物时，可以推荐一套给她。

点评：由于给顾客一套衣服是一个解决方案，省却了顾客的搭配之烦，且方案性的建议让人感觉用心，戒备、抗拒心理不太容易出现。

22. 价格带竞争，即用包含对手的价格区间的价格展开竞争，这样造成价格实惠的印象。比如竞争对手 1 斤卖 10 元，那我们商场降低分量，八两卖 8 元。

点评：价格是顾客衡量商品的重要指标，一样的商品，由于价格与分量不一样，在顾客眼里就是不一样的商品。

23. 实体店内招呼客人。在商品陈列这块做得已经不错的时候，终端导购的招呼声是吸引顾客的第一有效手段，“您好，欢迎光临”已经显得过时，大声响亮地说出“Hello，× × 男装”或“× × 男装，全场 × ×”则更直接，更能让顾客记住你。把你的品牌说出来，因为顾客可能是在商场瞎逛，他只是经过看看，可能并不知道你家的品牌，这时你要告诉顾客你家的品牌！还有一个原因，就是你要当着顾客的面，在他耳边做一遍广告，这种广告效果比电视上的效果要强很多倍，因为是导购真切地告诉他，他可能今天不会买，但当他想买的时候，他的耳边会隐隐约约有个声音在耳边响起“××男装”。

点评：由于顾客在逛街时往往准备购物，对于导购的推广抗拒心理不会很强。而生活中的电视广告会打扰顾客的看电视心理，顾客的抗拒心理就会很强。

24. 方案式选择题服务。不愿意费劲、嫌麻烦是人类的天性。因此在实体店内，当顾客对某件商品感兴趣时，我们可以适时推荐与此商品相关的商品。例如，顾客在试穿某件上衣时，我们可以推荐某一款裤子；或者再推荐另外几套搭配好的衣物。这样摆在顾客面前的是一道方案式选择题，他不用费太多的心思来琢磨搭配问题，也容易在对比的结果中做出选择。

25. 4.1 折比 4 折感觉靠谱和便宜。

点评：这是产业心理学的应用，虽然这两者都属于高折扣率，但 4.1 折由于有 0.1 这个尾数，让消费者感觉这个折扣是经过认真核算的，一定是靠谱的，而不像 4 折给人一种营销推广、做噱头的感觉。

26. 在店面，使用微信移动支付，享受折扣支付后，还自动关注到了该商家的微信公众账号。

点评：移动时代移动支付无论是线上还是线下，实现的都是服务与场景的结合，这不仅将改变人们的消费体验，甚至会改变人们的生活方式。另外借助支付这种高频的应用建立与顾客的联系，可以扩大企业的粉丝量。

27. 针对有点迷信的人群开展心理攻势营销。天有不测风云，人有旦夕祸福。这句古话每每会挂在人的嘴边，用于提醒自己、劝慰自己，对于未知的命运，许多人都想提前把握，可以由此展开攻势。

第三十七招　销售本质提概率

销售是一个概率事件，因此对于销售工作的开展就像买彩票中奖。下面先谈谈，怎么能买彩票中大奖。

彩票要想中大奖，必须买得多。买得多分两种，一次性买得多和累计买得多。先看一次性买得多，比如即开型彩票，一盒一千张，如果你发现已经卖了几百张了的话，你果断地把这盒包了，全买了，这里面一定会有大奖。对于双色球彩票，我们经常看到为提高中奖概率，几个同事合买，一买就是好几千元。累计买得多，就是一次买得少，但持续地买，这样也是为了增加概率。

回到销售上来，为提升概率，类比上文彩票中奖，只可以走累计买得多的路子。因为商业中存在大量的不确定信息，采取低成本大规模试错，找到一条可以贯通的盈利模式。店面促销活动、客户经理直销拜访客户、电话直销、团购等目的就是要增加客源，客源增加了，才有可能提高销售概率，实现销售。做调研，进行客户需求分析，也是为了提升概率。

对于销售工作，可以做一个合理的分工，店员做店内导购，经理层做高层直销。不能一味地只是让基层员工去卖货，把问题抛给基层员工。天天给基层员工开会，经理层不冲锋在前，很可能打败仗。

要让员工相信产品，相信公司。销售一定是你情我愿的事，就像谈恋爱。一个不信任自己的人，他谈恋爱成功的概率，读者可以自己去想。怎么让员工相信产品，相信公司，那就是成功案例。每个人讲述自己通过为客人服务、成功销售的案例，大家分享后，记下来，没有比这些具体的实例更能鼓舞人心与培养销售技能了。

最后做一个总结：

1. 提升销售概率，只要能使客源增加，就能使销售概率提升。

2. 马上去做，不要过于讨论，探讨。如果把销售比作探险，过多的自我讨论、探索，无异于纸上谈兵，因为未知的信息太多。

3. 用具体案例让员工相信产品，相信公司，自信地去销售产品。

第三十八招　学习京东好榜样

有天打开 QQ，QQ 的对话框左下角出现了一行小字“京东调味品节满 99 元返 39”，点击后就会从 QQ 进入到下面的这个界面：

图 9　京东调味品节的促销界面

京东商城一直是笔者比较关注的网商之一，可向京东学习做实体店促销活动。首先一个原因是我经常在京东上购买它的自营商品，由于可以当天送达，节约了大量时间，为我提高了不少生活质量。还有一个原因就是京东的促销活动做得比较出色，我愿意从专业角度来研究它，京东曾经推出的一个买促活动让我印象深刻，一次性买五单，单价最低的一单免费。由于这个促销活动除了广为宣传之外，不需要额外的物料准备、人工投入，只要计算好毛利、卡好时间点、做宣传即可，整个活动的可操作性极强。

我们来看一下京东的特点，京东首先是一个自营平台，更类似一个巨型商城在网上开的店，这个是与淘宝这样的交易平台的不同点，淘宝的感觉更像一个集市。由于京东是一个自营的大型商场，这样它所做的各种促销活动更接近我们传统实体店做营销的方式，即通过宣传吸引消费者的眼光，然后消费者前去购买。下面为京东自 2015 年元旦到三月底所做的一些活动：

（1）京东商城打爆元旦，电脑整机最高直降 2000 元；数码产品低至 3 折起；DIY 潮品抢 CF2.0 游戏礼包；电脑装备专场，来就送 50 元礼包；职场办公，智能投影 20 台等你抢。还有 2014 的品牌榜、好评榜、爆品榜等你来挑！

（2）京东商城自营家居开年大放送，全场满 200 减 60、满 400 减 150 元！活动精选好礼，低价任意购。活动包括纸品湿巾、家用清洁、清洁收纳、灯具照明及日用软饰 5 大专区，每个专区内产品丰富，分类清楚，方便您的选购！

（3）京东商城置办年货先领券，千万让利大派送，一大波优惠券来袭！银牌会员大礼包，含满 199 减 20 元食品品类优惠券和满 500 减 20 元全品类优惠券各 1 张，再送 6 京豆；金牌会员大礼包，含满 199 减 25 元食品品类优惠券和满 500 减 30 元全品类优惠券各 1 张，再送 8 京豆；钻石会员大礼包，含满 199 减 30 元食品品类优惠券 1 张和满 500 减 40、1000 减 70 元全品类优惠券各 1 张，再送 10 京豆。此外，活动页面下方还可以用京豆换优惠券，包括日用百货券、手机券、IT 券、图书券等。

（4）京东商城美妆蝴蝶节，真品真女人！洗护品牌满 199 减

100、进口大牌满 499 减 150 元。还可免费领取满 120 减 10、满 399 减 50 元京东自营个护美妆产品优惠券，还有爆款正品低至 5 折！还可抽奖哦！

（5）京东商城电脑装备开年大促，疯抢千万优惠券，低至 1 折！放出的优惠券包括键鼠产品、台式电脑、游戏设备、存储产品、电脑周边及箱包产品 6 大品类。活动期间，每天 10:00、15:00、18:00、21:00，整点血拼，秒杀 1 小时！

（6）柔美呵护，最强让利。京东商城 3 月 6 日 –3 月 22 日洗护专场，各类洗护商品超值优惠。活动期间，凡购买商品满 120 元立减 60 元、满 240 元立减 120 元。活动分为热卖套装专区、身体护理专区、秀发护理专区、口腔及女性护理专区。

作为实体店经营者常常为实体店推出什么样的活动吸引客人发愁，特别是员工规模极小的门店，专门辟出人手来做市场营销也不现实。京东这个互联网电商企业从事传统的商品流通工作，他们的营销团队殚精竭虑做的营销主题活动，我们可以采取拿来主义，选择匹配我们实体店资源的一些操作性强的活动。规模小的实体店做营销刚开始不要怕模仿，在模仿中会自然加入自己的想法，模仿多了，就会形成自己的套路。作为实体店经营者，应该把自己作为一名高明的导演，所经营的实体店就是自己的舞台，实体店的店面、货品、员工、时间、顾客、节日都是这个舞台的演员。

第三十九招　书籍激发好创意

作为门店的经营管理者，必须是复合型人才，既要搞好内部管理，调动大家的积极性，又要有诸多的创意来为门店聚拢顾客。试想一下，如果偌大的店，一天没有几个客人进来，销售导购们的情绪会如何？可怎么才能有无穷多的营销点子呢？

培训一名店长的策划能力需要从参考、练习、生活三个方面来入手。笔者曾对许多店长进行过访谈，这些店长的执行力让我印象深刻，但这些店长往往有一个通病，就是缺乏主动看书的习惯，往往认为书里的东西太过理论化，和实践不是一回事。这点我需要强调一下，理论绝对是指导实践的，如果理论没有在头脑中厘清楚，往往能导致店长们的经营、管理工作出现混乱。那需要我们店长们读什么书籍？我推荐一本书《细节营销》，作为入门级营销教材，本书中的基本营销理论，对于门店的运营来说就像识字一样重要。读完这本书，还可以再看看《自控力》《街头生意经》这两本书，它可以帮助你更好地从管理角度来理解店铺经营。如果还想更进一步的提升，建议看看曼昆的《经济学原理》。客观地讲，学了经济学原理不能确保咱们店长能赚到大钱，但是对于改造我们的世界观，是非常有好处的。

看书培养感觉，实践探求真理。接下来店长们就该实践练习了。对于书上提到的案例、我们受到的启发，需要多看多练多总结。这个练习就像妹子穿衣服，常看时尚杂志培养美感和服装搭配能力，但杂志上的衣服动辄上万，各种奢侈品大牌，哪能天天穿呢？所以，看完杂志之后，日常穿什么，怎么搭配，在日复一日中掌握美感，并建立适合自己的穿衣体系。实践出真知，在遇到对自己启发大的案例后需要将这个案例拆解并做出模型，然后凭自己的记忆模仿（思考其中的逻辑点，最好能用笔记下来），然后对比找不足，再次凭记忆临摹，直到满意。学习这些案例，虽然只是模拟，但通过你这样的头脑练习，就已经成为你自己的一部分了。等到合适时间，需要搞活动时，这些储备的元素将会自由组合出新的创意。

比如《细节营销》一书提出了这样的一个观点，要求从 4C 看 4P，也就是从顾客角度来看产品、看营销方案，而不要仅仅看产品，因为这是一个竞争激烈的时代、是一个顾客有诸多选择的时代。我们做各种活动时，要求从为顾客提供价值出发（让顾客省事、省钱或者省时间），而不是仅仅着眼于卖货。因为凡是为了卖货而吸引客流，都会让消费者心存疑虑，最终不参与店铺所搞的活动。

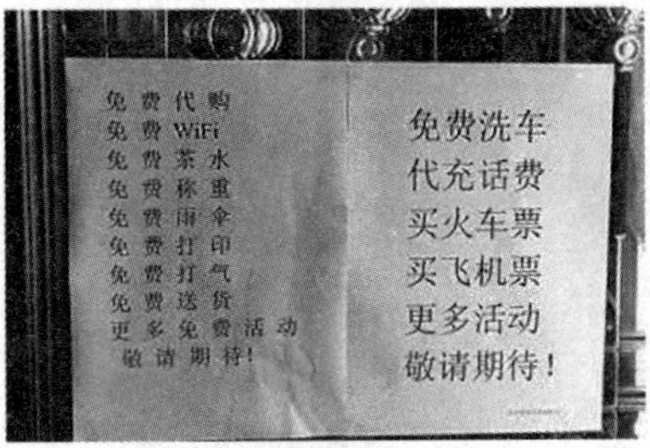

图10　某便利店的广告

图10所推出的免费活动，会让明眼人一眼看出来他的用意。如果这些免费活动的推出是结合店铺所拥有的资源，自然而然的开展是一种举手之劳，可以让人相信是为方便社区居民。而如果这个便民措施需要有大的投入，让人难免怀疑店铺的初衷和真诚，反而让顾客心存戒心。

门店是为了满足人们生活更美好而存在的，因此作为店长必须深入生活，知道当下发生了什么，这样大至营销活动场景，小至社会化营销的工具，都可以借用俏皮的流行语句或广告。由于有了书籍的参谋、营销练习的元素积累，自然就会培养出运营感、敏感度，渐渐知道什么样的事件是顾客喜闻乐见的，甚至发生时就知道会火，快人一步，打造话题，吸引顾客的关注进而带来客流。另外店长们一定要多看娱乐节目，比如各种的真人秀节目。这些收视率高的真人秀节目，既会帮助我们了解目前潜在顾客的行为、心理特点，又会给我们带来创意的源泉。

第四十招　平台经营大格局

谈到对于中国企业家的佩服程度，就我个人而言首推 BAT 三巨头。这三家企业都是不依靠垄断资源，凭借着执着、创新、满足客户需求，一步一步发展起来的，并且直到今天我们还是在免费使用它们。在他们成长起来以后，反观他们的经营思想，我们不难发现在这些巨头后面都是有着平台化经营的特点：百度自己不产生信息，检索网上的信息，提供一个免费的信息查询平台；阿里巴巴自己不提供产品，建立了一个免费交易平台；腾讯提供了一个免费的即时通讯软件，大家在使用后成为一个社交平台。在这三巨头里面，我们可以看到两个关键词“免费”“平台”。

笔者曾经历过类似这三巨头的做法。孩子在上幼儿园的时候，拿回来一个通知。通知上写，为培养孩子的爱心迎接六一，请家长为孩子准备一个小绿植或小动物带到幼儿园。我们每位家长都为孩子们准备了，带到了幼儿园。不久，六一节到来，我们家长参观幼儿园的活动，在班里看到了那个爱心角。这个爱心角，由老师提供创意和场地、集合家长们的小动物或绿植，既扮靓教室又让孩子们受到教育，所有的家长都为幼儿园的老师点赞。

现在回到我们店面经营管理上来，我们都清楚店面经营的好坏和进店人数有关系：销售业绩 =（进店人数 × 成交率）×（购买产品数 × 平均单价）。店面增加业绩，要先增加进店人数首先需要增加经过门店的人数，才能增加进店人数。

本着这个思路，以社区便利店为例，看看平台 + 免费的思想是否可以实现。

社区便利店所服务的人群是所在社区居民，但一个迫切的问题是由于社区便利店进入门槛低，会有大量的竞争者来瓜分这些固定的消费人群。在竞争的丛林中，哪家店能笼络住社区居民的心，哪家店生意就好。用上文的“交易平台 + 免费”的理念，便利店可以利用门口的空地，设计一个小朋友义卖活动。便利店提供场地，提供价签机，甚至收银服务，家长和小朋友提供交易商品，善款可以捐给社区或者就是小朋友之间的易货贸易。对于有小朋友的家庭而言，孩子的良好教育与健康成长是家庭所有活动的重中之重。由社区店出面搞这个活动，自身天然的交易属性、流通经验，会保证活动的成功。活动的参与者家长、孩子、社区管理者、社区店都是获益者。

上例是用“交易平台 + 免费”的理念，接下来我们看看“信息平台 + 免费”的理念。社区店是一个人群相对比较集中的场所，正好也是一个可以进行信息发布的平台。作为社区居民，难免家里需要一些家政服务、旧货买卖、水电维修、房屋出租等社区化服务，社区店可以在自己的墙面劈出一块信息栏，除了张贴自己的促销信息外，还供所在社区居民张贴。由于解决了社区居民的生活服务问题，那么这家社区便利店就会在居民心中树立起综合服务中心的印象，有了这种印象，进店人数不愁不增加。

“社交平台 + 免费”的理念行得通吗？答案也是肯定的。社区居民中往往是老、中、青、幼都有。对于老年人，他们需要一个固定的场所来聊天、谈心。如果社区店门口场地允许，可以考虑安装一些带伞的椅子，既可以供购物者在此食用也可以供老人们在此聊天、闲谈，店面可以提供免费热水服务。笔者就曾见到一个门店，腾出场地供老人们在此跳广场舞。

BAT 三巨头是交易平台、信息平台、社交平台的典型范例，接下来我们探讨一下这三者融合的可能性。这两年 O2O 是最火的名词之一，但 O2O 不仅仅是店面上网、网上销售而已，而是店面通过网络，实现资源整合。社区店在开发自己的网店的同时，可以整合外地的土特产资源进入自己的网店，利用自己网店社区居民的流量实现外地土特产资源的销售，便利店在赚取中介服务费的同时也扩大了店面的经营品种，为社区居民更好地服务。当然也可以利用网店为社区居民提供类似 58 同城那样的本地化服务，即经过店面考察的家政、水电维修等服务提供者在网店上发布信息。在提供网店的同时，也提供社区居民的需求发布信息功能，即具备社区论坛的功能。以往各个社区的论坛、58 同城服务都是散布在不同的网站上，在这里社区网店成为整合资源的入口，使用起来更方便也更有保障。

俗话说吃人家的嘴软，拿人家的手软，作为店面提供了平台式的免费服务，但对于消费者而言，在利用这些平台的同时也是一种感情负债，由于这种感情负债，社区店便会牢牢锁定这些消费者。

在管理中也需要店长树立这种平台化的思想。我们的员工各有各的能力，有的会唱、有的会做饭，为何不利用员工的特长定期搞一个聚餐晚会，大家在一起包饺子、听课、听故事、聊天。通过这些活动使店员感觉这里就是一个家，加强店员的归属感。

第四十一招　集体做操提活力

门店的销售工作是一种高强度的工作，对体力、脑力都有一定的要求。我们经常可以看见一些导购在店的附近抽烟解乏，其中不乏女性抽烟者。这个乏，源自两种情况，周六日生意高峰期的时候，接待客人累；周一二平时客人少的时候，虽然体力不累，但没有客人会导致精神难熬，脑子累。因此，作为店长，需要考虑怎么来缓解导购的这种高强度的工作压力。

体育运动可以产生内啡肽，让人心情愉悦并解乏。因此笔者建议，各个店面可以考虑编排一些集体舞、集体操让店面人员集体运动。这种集体锻炼不仅增加团队精神还可以成为店面的一种可视化营销手段。笔者在研究门店的可视化营销过程中，收集了一些可供门店借鉴的资料。这些不花钱的资料不但一看就会，而且提升员工的精气神。店面员工有了精气神，自然就顾客盈门了，下面就开始门店集体舞（操）的饕餮大餐啦。整个一周所编排的集体舞（操）是不一样的，考虑到了每日的营业特点。具体舞蹈可上网观看：

1. 周六、日——抓钱舞。抓住周六日，冲销量，要业绩！

2. 周一——微笑操。员工们在周六日累了，周一微笑一下，整理心情。

3. 周二——擦擦舞。周二做大扫除，以整洁来迎接一周。

4. 周三——我相信集体舞。我相信，店员会在每周销量低谷的日子里，因为这支舞蹈获得满满的正能量。

5. 周四——壮志雄心。每个店员心中都有一座想征服的高山，今天你就是那翱翔天空的雄鹰，可以飞得更高、更远！

6. 周五——向前冲。大卖的周末即将拉开序幕，微笑迎客，向更高的销量冲击！

如果每天同一时间做操，那会是个什么情形？我们既锻炼身体，又宣传品牌。会从这一小点上收获到一个面！

关注本书配套的微信公众号，回复“做操一”将会看到周六日、周一、周二门店集体操，回复“做操二”将会看到周三、周四、周五的门店集体操。

第四十二招　购物娱乐化体验

随着消费的升级，对于消费者而言，购物不再是为了简单的购物结果——买到了什么，更为重要的是购物过程——体验到了什么。

图 11　北京华堂某卖场的圣诞氛围

虽然北京到现在尚未下雪，但置身于如图 11 的卖场环境中，还是能感受到浓浓的冬日情怀。目前，卖场购物环境的设计越来越体现出零售娱乐化和娱乐零售化的互动体验特点，这样会使顾客受到感染并融入情景。卖场的体验设计可以归结为参与体验、生活方式体验、情感体验、文化认知式体验、互动体验、过程体验、个性体验及氛围体验等八种形式。但需要注意的是，体验的设计本质上是为卖场营销服务的，因此营销界提出了体验营销的理论。体验营销是指企业从感官、情感、思考、行动和关联诸方面设计营销理念，以产品或服务为道具，激发并满足顾客的体验需求，从而达到企业目标的营销模式。

如果卖场把体验营销当作一种策略，那么我们可以将体验营销理解为一种商业模式。谈到商业模式，就必须从营销的基础 4P，即产品、价格、渠道、促销来做整体理解。这种整体理解与运用是基于传播学和营销理论的结合，正是这种结合诞生了整合营销传播理论。美国广告协会将整合营销传播定义为一个具有增加价值的全面的营销沟通计划，这种计划通过对各种传播工具进行组合，并通过信息整合，从而产生清晰、一致和最大化的影响。

我们可以这样理解卖场的体验营销商业模式：通过有目的的创造卖场体验活动，利用卖场的空间、人员、广告宣传手段进行整合式的传播同一主题，进而实现卖场的经营目标。如图 12 华堂商场在塑造冬日气氛下所推出的圣诞节商品预约。

图 12　华堂商场的圣诞节商品预约

在日趋激烈的商业竞争中，为了脱颖而出，黏住更多的客人，卖场可以把体验营销作为自己的商业模式，开展经营活动，并在整合营销传播的操作思路下对内统一员工思想；对外宣传所有渠道、方式统一主题，让消费者强烈感受到体验，感受到零售的娱乐化。

管理技术（43-57 招）

第四十三招　三权分立有激励

实体店经营管理中，最大问题是什么？答案只有一个，那就是员工。如何激发员工主动工作、热情服务、留住业务骨干是一个永恒的话题与永远的难题。

在实体店经营中，有三种权利需要管理者清楚，那就是实体店的所有权、经营权、分配权。实体店经营管理需要三权分立。实体店所有权是指实体店的所有者，一般意义上我们叫老板；经营权有时会是老板也有时是请的职业经理人。前两项权利，我们目前都很清楚，许多实体店也按此来运作。最后一个分配权，是指员工参与经营剩余分配的权利，这个权利我们往往还不太清晰。

我们经常会讲体制内与体制外，对于体制内的服务质量与服务效率，大家知道比不上体制外（个人）的企业。这个原因是显而易见的，个人企业的经营者会把企业当作孩子养，24 小时琢磨企业的经营管理。而体制内的企业正好相反，大锅饭、平均主义，让企业运作的效率越来越低。但是体制外的企业随着规模越来越大，出现连锁直营实体店，只能采取聘请店长（职业经理人）来从事经营。为防止代理人风险（店长出工不出力），在此情况下，就格外需要经营权来吸引职业经理人和保障他们的工作积极性。这种经营权有时不仅仅以高薪和职位权力来体现，甚至是所有者出让股份。

在解决了店长的工作积极性问题后，接下来需要解决一线员工积极性的问题，特别是业务骨干的积极性问题。在一线员工管理中，我们最头疼的就是骨干员工的离职。对于实体店服务员的工作，诸多员工的选择是一种无奈的职业选择，临时心态的居多，更别提职业自豪感了。试想一下，一个充满职业自豪感的员工提供的服务的质量与一个临时心态的员工提供的服务质量，孰高孰低?解决此问题，靠培训、严格管理、各种的谈心，都是治标不治本的方法。要从根本上解决这一问题，只有赋予员工分配权。注意，分配权不是销售提成。提成，是根据个人的销售指标来制定的一种奖励，属于一种即期的奖励。分配权是实体店在经营一年后，在其他各方按合同获取他们的收益以后，剩余的收益。传统上这种剩余是由实体店所有者所有，一般而言，我们还以此为据，用剩余索取权来定义所有权，认为所有权的其他方面都可以分割与转让，但剩余索取权却必须保留，因为它是所有权最本质的标志。分配权是一种二次分配，一般按照经营周期，全体经营人员参与按合同分配后的剩余收益的分配。给员工分配权，让全体店员参与实体店经营中所产生的剩余利润，员工就会在心里产生我与门店是一家的感觉。

第四十四招　勤思考与善调研

在做商业服务企业顾问时，最直接的感受就是公司领导认为公司员工没有全身心地投入工作，既没有激情也没有解决问题的办法；而店面销售会抱怨公司产品定位不准、价格高，没有竞争力。可现实问题是，如果问销售降价到什么程度，对销售最有帮助？往往又得不到肯定的答案。上述公司领导与店面员工的说法往往都是一种抱怨性的、不解决问题的言论。作为店长，必须解决实际的问题，如果跟着随波逐流，要不就成为员工眼里公司领导的代言人，成为员工对立面；要不就是在领导眼里被定性为没有能力的店长。

要解决上述问题，一定要勤于分析问题，带着调研的思路来展开工作，这样解决问题的能力就会增强。全球管理大师日本的大前研一曾在他的著作《思考的技术》一书中谈到了怎么培养分析问题的能力。当时他是刚入职的麦肯锡的企业咨询顾问，他每天早上从横滨到东京的通勤路上有 28 分钟，在途中看到广告牌的时候，就问自己，如果这家公司的总裁请他协助提高公司业绩，他该怎么做。他就是通过这一方式，培养了自己分析问题的能力。

这里提出下列问题供读者思维训练与日常开展店面管理工作参考：

你认为你们公司应该解决的最大问题是什么？

如果你的职位比现在高两级，为了解决这个问题，首先你会怎么做？

但是，你的公司为什么不这样做呢？

请列举公司不这样做的三个理由，并针对每一个理由写出如果你的职位比现在高两级，你会如何克服？

笔者在做商业企业顾问时也经常通过提问，来获得我需要的信息，我经常采用的问题有如下一些。

1. 针对店面管理的问题

①如果在家，你接到店里打来的电话，你会认为是什么事情？

②为什么会担心这样的事情？这样的事情怎么避免？

③店里的问题需要解决的很多，如果当前只能解决一个问题，你选择解决什么问题？

2. 针对公司层面的问题

①如果公司倒闭了，你认为什么是最大的原因？该问题怎么解决？

②如果你给公司管理层培训，你会给他们培训什么内容？

③公司做出什么改变，业绩才可以大幅度改善？

④有一个和公司总裁直接沟通的机会，只能讲一个问题，你计划讲什么？

3. 针对营销的问题

①只能用一句话介绍公司，你会怎么说？

②只能用一句话介绍产品或服务，你计划怎么说？

③只能用一句话回答顾客关于本店和竞争对手的不同，你计

划怎么说？

4. 针对货品价高、缺乏定位的问题

询问营业员每个月的任务完成情况，如果能完成或者完成 80% 左右，证明谈论货品价位高、缺乏定位只是抱怨而已，相当于外交人员的外交辞令。如果大多数完不成，那确实是存在问题，应该考虑货品价格调整的问题。

第四十五招　团队创新有方法

从具体的人来看，人的天性是喜欢新鲜有趣的事物，要不怎么会有审美疲劳的说法。店面的经营管理也是这样，天天一成不变的店面陈列，客人觉得没有吸引力；周六日客流多点还好，周一到周五整个店里没有人，还得按照公司要求的礼仪站上一天，店员觉得没劲、疲惫至极。

作为负责人的店长肯定是心急上火，作为店员也没有成就感。那要怎么改变这个情况呢？结合笔者的经验，给出下列一种让团队持续微创新的方法建议：

可以给实体店经营管理团队一定额度的经费，例如每月500元。要求经营管理团队每个月把这个500元用服务创新的方式花掉，并且不要按照投入产出比来衡量这500元的投入，给经营管理团队一个相对宽松的环境。在本办法中，这500元既可以用于服务创新，也可以用于内部团队管理创新，通过内部管理的提升，来间接地提高服务质量。

就像我们锻炼身体，锻炼形式无非就是跑或跳，很枯燥、很累人。但如果给锻炼身体的人一个篮球，让他玩篮球而不是单纯的跑或跳，这个感觉就会不一样。

商业的本质是做人的生意，而不是表面上的产品或者服务。实体店做的市场活动如果太过于关注成交的结果，很容易让客人直接识别店里的销售企图，进而引发客人的戒备心理。如果是这样的话，这个销售就比较难做了。但比较超脱的拿出 500 元来做市场推介，服务于顾客，那顾客的感受就会不一样。如某餐饮店，在炎炎夏日，为顾客提供一杯下火的马蹄水，马蹄水是用葛根、甘蔗、荸荠熬制而成的，成本很低，但这份店里的用心，会让客人难忘、感动，从而建立对店里的信任。

微创新如果持续下去，会得到一个非常惊人的结果，所谓的一直被模仿，从没被超越就是这个结果。

第四十六招　组织不需要监工

高层经理成长到一定程度时，扰乱他们工作思绪的不会再是工作本身，也不是自身团队建设中的冲突，而是公司的监工式管理。

监工式的管理者，喜欢对别人谆谆教导，他们想出各种事情让别人去做，在丢下自己的工作去安排别人时，他们制造出了更多的工作——不管这些工作是否需要去做。监工式的管理者喜欢追问细节，喜欢用所谓的公司制度来规范别人，可自己却未做到，喜欢从负面来看待问题……

独当一面的经理人有自己的目标，并能够坚定地执行这些目标。他们不需要过多的指导，也不需要每天检查。他们做的都是经理人该做的事情——定基调、派任务、作决策等。这些优秀的经理在工作中亲力亲为，自我审查。如果对这些经理人，对他们的工作采用了监工式的管理，首先会导致他们无法踏实的工作。平时从来不用考虑的问题，在被监工以后，就得三思而后行。如果这样，他们的工作绩效会大打折扣。优秀的经理如果感受到被监工式管理，会产生不被信任的感觉。

监工式的管理者，只有监督了别人，才会显示出了他们的重要。这种个人的重要是组织沉重的负担，必须摒弃。

第四十七招　培养演讲大能力

正式场合讲话一定要练习。作为实体店的负责人，难免会出席各种商业会议，比如公司的述职会，客户沟通会，新品推介会等。在这些场合讲话，一定要做好功课。

成人由于有了多年的积累，会在演讲者讲话之时，激发自己的联想，这种联想有正面的情形，但也负面的作用。如果演讲者讲得好，听众的思维联想就是正面的、积极的，所做的联想是为演讲宣传做支撑的。但如果演讲者讲得不成功，那这种联想带来的副作用是极大的。

那么怎么提高自己的公众讲话能力？在讲话前，一定要做足做好功课。功课一：整个环境背景的分析，培养全局意识，从高处来俯视所做的工作。功课二：提出自己的目标，这里要懂些哲学思想，高度形象概括自己的观点。功课三：仔细说明怎么做，来证明自己的观点。功课四：汇报一下自己的困惑或者不足，谈出自己是怎么解决问题的。

养成对问题展开分析的习惯。应该主动培养自我学习的习惯，有了这个习惯，人就会主动地从阅读、工作、生活中汲取养分，让自己的讲话更有条理性。

管理者要多看分析类的电视节目，如锵锵三人行、“罗辑思维”、吴晓波频道等。专家、嘉宾往往会在这些节目上展现自己的假设、推理过程。例如：2015年春节，中国人在日本旅游，买空了马桶盖，锵锵三人行的嘉宾从国民性、生活习惯、价格、质量等，多角度进行了阐释。听这些阐释，会让听众长知识，在不知不觉中培养了自己的思维习惯，对问题展开分析，而不是就问题谈问题。

提升自己的说话能力要主动培养哲学思维，注意收集一些形象概括的类哲学语言，进入到自己的储备库。例如：笔者在给北漂一族宽心时，会讲第一代移民注定是要边缘化的。作为移民，在财富的积累、职业的起步上同原住民是存在差异的，如果非要强调公平，会让人心里不平衡，倒不如接受。第一代移民是创业阶段，既然创业就会面临诸多的困难。

第四十八招　业余生活需调节

服务行业是一个工作强度高的行业，特别是实体店的经营。不论是门店、餐饮、酒店，工作性质都是节假日别人休息时，店里更忙；每日的工作时间几乎都在十个小时以上，所谓的八小时工作制，对于店面工作人员，几乎都是不可能的。在店面经营中还有一个心理疲劳的高原，那就是处理客诉。一般而言，客诉里面都会有无理取闹的、喝酒闹事的、打砸的甚至装疯撒泼要撞墙、跳楼的主都不少。这种熬心又费神的工作，对员工的身心都是考验。因此，我们不难看到，在店面的休息处，不少店员都选择了抽烟来排解疲惫，其中女店员抽烟的比例也不少。在有朋友过生日之际、店里重要活动结束时，大家也往往选择了喝酒、K 歌这样的形式来释放情绪、缓解压力。

笔者对于这样的活动，是持保留态度的。在思考有没有更好的方法来丰富店员们的业余生活。在城市中，时间成本是很高的，连续上了六天的班（一般服务行业都是每月休息四天），经常组织大家搞集体活动去爬山也不现实。体育锻炼可以产生内啡肽，这个物质可以让人产生愉悦感。在日常管理中是否可以发动大家的智慧，出谋划策，鼓励大家因地制宜搞锻炼。比如店里搞活动给店员发奖品或纪念品时，发一个计步器，鼓励大家每天走一万步。其实在店里服务客人，上下班路上都是可以累积的。由于数字目标的力量，会让人有完成的渴望。这种体育锻炼对人的改变是极大的，由于锻炼会让人身心愉悦、身材好；身心愉悦、身材好反过来又会让人更积极地投入锻炼中。通过体育锻炼思路开阔了，看待工作，感觉也会大不一样。

第四十九招　职业陷阱要避开

对于商业企业中层而言，一定要注意职业能力陷阱。一名商业企业的管理者可以在这个企业独当一面并且年龄、阅历、经验达到一定程度，例如店长、中层经理。这些人容易认为自己的能力不低，不愁找工作，在面对不利于自己的企业问题时，经常选择离职。

笔者在作为第三方为某商业企业服务时，就遇到了这样的案例。那位离职的店长是这家企业的旗舰店的店长，由于与新到任的运营总监有着观念上的冲突，愤而选择离开自己奋斗了三年、一手打造的旗舰店。

她的离开，让我嘘唏不已，也曾对她做了我个人的挽留。在她最终离开后，她的职业发展并不算那么顺利。笔者提醒各位店长注意这个职业能力陷阱。

1. 商业本身不是什么高科技的行业，只要多用心，多接触一线，做好具体的商业经营本身并不难。因此，某些店长认为自己的能力可以高到开创新天地，本身就是一种高估。

2. 商业的职业性，体现在不折不扣地执行上级的决策。对于怎么增加销售，怎么做市场，商业是一个偶然事件，不是一个铁定的公式，是有多种方法的。商业上的做法没有对错，只有高下之分。同时，商业技能不是那种能马上见结果的技能，是需要检验的。从商业职业性来看，不折不扣执行是基础。

3. 公司是有组织惯性的，不会因为你的离开而停滞。就像那句粗话，地球离了谁都转一样。公司运作，虽然是由人组成的，你在位期间也开辟了良好的局面，但这就像一条自然流淌的河，只不过你把河道疏通了疏通。一个高管离职会引发震动，但企业还是会像那条河，自行流淌。

4. 个人发展的偶然性。一个人在企业里受到重用而被提拔，自身的努力与天分是一个重要因素，但领导的赏识、员工的支持、公司发展阶段的匹配、市场环境的良好也是很重要的。也就是说一个人最好的发展是与企业共同成长，换一个地方，可能就缺乏你成长的土壤了。

5. 对于心理的冲击。干得不顺心，说走是容易的。但走后，面对人走茶凉的事实，原来自己一手提拔的店面经理，成了与自己有矛盾的总监的人，这个滋味不好受。我相信离职的高管，再找一份谋生的工作不难，但时间的成本，对人心理的磨砺成本，都应该计算在内。也许在新单位还会重演，只是自己的境界提升了，不再像上一次一样以离职作为解决问题的办法。

在这里，以这位经理的经历提醒各位店长，一定不要因为赌气而断送了自己的事业。一定要注意职业能力陷阱，这个陷阱会过高地估计自己的能力，会让自己看不清自己。

第五十招　主动学习是优点

现在的人经常低头看手机，不是在刷微信朋友圈，就是在浏览网页等。由于互联网的信息获取的免费性、方便性，当前人们的阅读量急剧增加，阅读量的增加会直接带来人们思想的活跃、眼界的开阔。

这些人就是我们的顾客、我们的员工。与这些顾客、员工打交道，如果不能采用和他们一样的方式，那就会不对频道。为了让自己的频道更丰富，就需要店长提升主动学习的能力。这里主动学习是指店长要让自己随时进入一个场景里，以比这个局面更高的控制者来思考问题。首先要培养主动学习的意识，例如，坐地铁时看到地铁站两边的广告，在等车之余可以思考，你要是一个设计人员，该怎么来表现这则广告，还有没有更简洁的表达方式。在商业上，我们销售产品，其实就是一个翻译，就是把产品的利益翻译成顾客需要的、能听得懂的话。比如，一家钻石店，0.49 克拉的钻石与 0.5 克拉的钻石价格会有天壤之别，客人往往会问为什么。如果营业员只是讲，0.5 与 0.49 相比，存在一个克拉溢价，没有顾客听得懂，如果比喻成就像考试 60 分和 59 分，虽然 1 分之差，但是有天壤之别，没有一个客人听不懂。有了这种主动学习的意识，店长们不论干什么都会把自己带入情景中去，看电视时，就会把自己想象成导演，思考一下怎么表现更好。

有了这种主动学习的意识，一旦养成习惯，那离随手整合资源就不远了。一位成功的店长肯定是一位整合资源的高手。

光有主动学习的意识是不够的，还需要看书作为后盾。关于看书，不少店长都有这个感觉，觉得看书有用，但往往是看到一半的书多，很难完整地看一本书。关于看书，我的体会是，如果一本书看了一两个小时还看不进去，那是由于这本书目前不适合你，不必焦虑，那就不看了。如果书写得非常适合你，你会有一口气读下去的渴望。第二，看书不必非得从头看到尾。可以挑选适合自己看的章节。我们可以把图书分为三大类：理论类、实用技能类、传记小说类，除了理论类的书需要彻头彻尾的读以外，其余两大类都不必完整地读。由于不再纠结书总是读不完，读书的成就感上来以后，有了信心与积累，店长就会喜欢上读书。给自己定一个目标，比如一个季度读 50 本书，这个数字目标不见得非得完成，但是当你有了 20、30 本书作为积累时，你会发现你看待问题的角度、做事情的方法会极大地丰富。书中自有黄金屋，说的就是这个道理。因为看的书多了，有了知识的构建体系与相互之间的联系，在看到一个概念时，以前没读书之前可能会觉得空洞，现在有了读书习惯后，这些脑子里形成的知识体系会自然帮你把那个空洞的概念变成可执行的方法。

第五十一招　常用概念须厘清

一般而言，员工心里会简单地把管理层认为是管自己的，是处在自己对立面，如果是在开会的场合，讲一些要端正工作态度、积极工作等动员的话，会有些员工认为店长是公司层面的代言人，往往会有一些心理抗拒。在日常工作中，培训是店长的一个重要手段。通过培训潜移默化贯彻店长的理念。外请培训师有一定的效果，但费用、培训宣传是否接地气上均存在问题，很多情况下店长会亲自操刀培训。在培训中会遇到一些常用的名词，为使培训效果更好，我把在培训中经常遇到的名词进行一下解释。

关于世界观、价值观、人生观，我认为所谓“三观”就是一个人在当前情况下，他认为什么事情对他最重要。这个“三观”会决定一个人的行为，也就是说这是一种理念的力量。根据我这个定义，可以领悟到，人的“三观”会随着年龄发生改变。我们的店员，处在青年与中青年之间，这两个年龄段的人，人生的“三观”是不一样的。

关于压力，我们会经常提到压力。那何谓压力？所谓压力，就是心里有事。我们经常讲压力大，需要降低自己的压力。井无压力不出油，人无压力轻飘飘，对于店面而言，最大的压力来自业绩的压力。有经验的店长分解任务时一般会把全年的业绩在上半年多分配一些，全月业绩指标压在上半个月。虽说有压力可以让员工有一定的紧张感，但文武之道一张一弛。对于业绩指标如果在 20 日左右完成全月的 80%~90%，可以明确告诉员工业绩完成情况，让大家释放，不要再把压力悬在头上。

关于市场营销、销售、品牌。我们会在培训中用到这些名词，这些概念本质上都是指向一个实质就是促成销售，那么可以用这个说法来统领以上这些概念。为了把产品（服务）卖出去，店面现场所做的一切就称为销售；非现场所做的一切如追求高品质产品（服务）、创作广告、印制海报、发放海报、价格调整、渠道合作等称为市场营销；通过市场营销和销售，顾客在体验了我们的产品和服务后，形成的总体评价称为品牌。

关于事业发展的一些概念，自信、事业等。自信就是一个人虽然没有一些东西，但他的感觉是有着这些东西的。我们喜欢说希望员工把店里的工作当作自己的事业。那么何谓事业？事业就是指当下所从事的工作。只有这样，才叫真正的事业，才会产生热爱的行为。

关于公正、自由。我们的店员许多都是 90 后，90 后是踩着互联网长大的，互联网让世界更民主、更自由。因此我们 90 后对于公正、自由的敏感度要远大于 80 后。这就需要我们店长对这两个概念给予正确的解释，不能让员工只对字面进行庸俗化理解。公正，是指所有的人都一样。对于有能力的 90 后员工，要指出虽然他有本事，但公正是所有的人都一样，而不能是对别人要那样，对他要不一样。自由，不是为所欲为的自由，因为为所欲为的自由就不叫自由了。自由是指对自己的行为结果负责，是在不妨碍别人的前提下的自主行动。

第五十二招　承认自己的不足

店长有阅历、有高度，但店长在进行决策的时候往往会有一个共同特征，那就是基于不完整的信息和过去的经验来进行决策。一般而言，这样做的决策会有错误的时候，特别是对于未来的预期。例如，IBM 前总裁沃森曾说过，全世界只需要 5 台电脑。可实际呢？他的决策是基于当时他对电脑的认识，他怎么能想到现在的手机都是一台小电脑。在店面经营中，如果出了错误，不要怕在全体员工面前承认自己的错误。不是有这句话吗，不要怕犯错，犯第二次错才是傻瓜。在经营决策失误面前，勇于承认自己的失误，才会有威信。

自己也有不足的时候，那怎么弥补？在此笔者提出一个想法，那就是主动与员工讨论问题，让大家都发表意见。我们都知道，不是所有的员工都爱发言，但我们可以利用这个场合来寻找我们的主力店员。有句俗语，闷声发大财，好像是不爱讲的员工是人才，往往被提拔的也是不太爱表现的员工。在此，笔者表示不同的意见。因为我们是现代商业，现代商业需要的是灵活、创新、积极，我们店长需要关注主动发言的员工并给予机会，因为能主动发言的员工，经过积极的思考，他们往往可以把所想的变为现实。

知识、经验其实是一种资源，资源的特点就是越用越丰富，并且会产生新的知识。通过开会，思想的碰撞，会产生新的解决办法。另外一点，就是在组织开会讨论时，最好专业的会议要多一些，不能搞全体大会。比如：店里要开一个春游的会，就春游地点的选择、活动设计等事项进行讨论，一定不要搞成店长提议，全员投票的形式。这个形式表面上是所谓民主，那只是民主的最初级形式。一定要召开由负责人事的专员、店面各个区域负责人、部分先进员工来参会。在这个会议上，店长不要轻易地拿意见，而是听取大家的提议，最后形成决议。开会本身是需要技巧的，会议本身就是激励员工、培养人才的一个重要手段。

第五十三招　热爱生活是能力

服务行业是一个对体力、智力要求都很高的行业，一般店面都要求员工站立服务，这一站就是十个小时以上，尤其是还得穿高跟鞋，结果是脚疼、腿疼、腰疼；智力呢，面对第一次进店的客人，必须在30秒内获得对方的认可，否则就难以成交了，这还不算接待怒气冲冲的客人、喝酒闹事的无聊客人。由于工作强度大，一天班上下来，员工身心疲惫，甚至都不愿意多讲一句话。

缓解劳动强度、激发工作热情对于店长们而言就是日常的工作之一了。店长需要培养员工热爱生活的能力。虽然服务行业这么累，但是我们也能发现，有工作特别热情、待人特别真诚的员工。他们往往有一个共同点，那就是热爱生活。全国劳模、北京公交售票员李素丽，她的理念就是“帮助别人、快乐自己”。在公交车上小小的售票柜台里，她通过热情服务顾客，给自己带来了乐趣。在生活中，她是一个热爱生活的人，她做的鸡翅特别好吃，单位组织春游时，她会做些鸡翅带给大家，这个鸡翅往往会把活动的气氛推向高潮；她每天工作都乐呵呵的，由于喜欢笑，司机们都愿意和她一个班。在李素丽售票的那个年代，工资收入只有微薄的几十块钱，李素丽的案例告诉我们，钱不是激发员工的唯一要素，要鼓励员工学会热爱生活。

一个热爱生活的人应该是一个简单的人。店长需要把这个道理讲给我们全体员工，告诉大家简单一些。

一个热爱生活的人应该是有童趣的人。生活中有许多好玩的事情，需要拿出自己的智慧来体会生活之美。比如，笔者中午用餐完毕后，一般都会选择在单位附近走走。有一次看到一个赶着马车的瓜农在卖香瓜，我连续三天都去买他的瓜。我之所以买他的瓜，就是因为我想和他的马玩一会。我曾问这个瓜农，那匹马叫什么名字，这个瓜农说它就是个牲口，有啥名字的。我看着这个一脸疲惫的瓜农，真想和他讲，我天天买他的瓜，其实是因为那匹无名的马。

一个热爱生活的人应该是会随时利用身边的资源给自己带来新鲜感的人。我们对于一个总是重复的事情会感觉到厌倦。就好比每天中午的工作餐。如果我们号召大家每天中午带一个水果到单位，中午用餐时，把水果切成拼盘或者交换着吃，会感觉别有一番滋味。现在智能手机已经普及了，抓拍大家工作的情形，然后把照片洗出来，插入相册，这样工作之余累了，大家翻看一下相册，也会别有感觉。我曾见过一个店里，自己搞了一个小型的运动会、酒会、店里自己的年会，让每个员工起一个英文名字，这些小小的改变都会让原先波澜不惊的生活充满了情趣。

对于成人而言，工作和生活是密不可分的，下班了绝对不想工作，上班了不惦记家里，都是不现实的。因此，我建议一定要注意培养员工热爱生活的能力，这样对于塑造和谐的工作、生活环境是十分有利的。

第五十四招　要造大客户市场

门店设立大客户部，知易行难。理论上，这个大客户部是为大批量购买的客户服务的，是行商不是坐商。大客户部是为了创造市场。但实际运行起来，确实非常之难。有大批量采购需求的客户在哪里？由于不知道客户是谁，非常容易出现新设立的大客户部和门店抢生意的现象。

对于业务人员的考核，容易让人有短期行为。由于公司是对业务员一个月一考核，直接用数字来考核，这样就容易出现为了考核，而不考虑当初设定的既定目标。为了考核，靠产品低价、抢门店客人是最容易操作的。

为了改变这种情形，我思考了一些方法。

1. 将一个月一考核，拉长为一个季度一考核。大客户销售靠的是持续的跟进，门店销售是几十秒内获得客户的认同，是有本质区别的两种销售行为。这样可以避免为了短期利益而牺牲长期利益。

2. 营销创新，创造与众不同的产品。要防止两个渠道打架，在初期可以通过营销创新来划定二者的范围。比如规定同一时间购买，五人以上者，为大客户业绩，可以由大客户部人员直接带领至门店，门店提供服务，并分享服务费。

3. 为大客户创立销售渠道，比如展会销售或者社区销售。如果连锁门店开展社区销售，可以直接将这一渠道划定为大客户领域。

4. 销售提货卡。提货卡的设立，是为了避免门店人员坐等客人的心理，但出门洽谈，能力又不够。因此，通过提货卡的销售来通过大客户经理来拉长门店的销售。

5. 鼓励大客户部搞各种活动，靠客户细分，来制造出一个新市场。

总之，大客户销售是一种销售模式，要通过大客户部来创造出一个增量市场而不是在存量市场里同门店争夺市场。

第五十五招　做自己不管闲话

随着互联网步入人们的日常生活，同时也走进了各个实体店的经营管理。中大型的连锁门店除了有官方的微博、微信工作群外，也有以公司名字命名，但其实属于员工个人组建的网络空间如百度贴吧等。在此笔者把这种利用公司名义，但实质公司无法控制的网络空间，定义为半官方网络空间。在这些半官方网络空间上，往往会发展成为公司员工思想交流的网络之家。

这个网络之家也有一些影响，笔者举一个实际的例子。某位店长在遵从公司连锁经营管理制度的同时，勇于在自己权限的范围内进行微创新。在一次店面组织的春游团队建设活动中，发起对游玩景区的环保行动（捡拾垃圾，清洗墙壁等），恰好被媒体看到并且报道，无形中为公司提高了知名度。但在其公司的贴吧里，却有匿名员工批评她，说她占用大家的休息时间，本来是游玩，却搞得像工作；还有得讲她喜欢做表面文章，管理得太形式。看到这些网络留言，深深的刺痛了这位店长。她觉得委屈、觉得员工不理解她。

在这里，笔者强调面对这些流言蜚语，不必去理会，做好自己最重要。生物都有趋利的共性，都会选择对自己有利的方面发言。但人人的角度不同，层次不同，考虑的方面也就不同。世界上最难的事，一是把自己的思想让别人接受，二是别人口袋里的钱正当的放到自己的口袋里。我们实体店的经营管理人员，就是面对这些无意义的吐槽，如果都要去解释，博得这些不理解自己的人的认同，就会浪费自己很大一部分的精力。

我们需要明白的是，这种是非之事太多的企业，往往是管理有重大漏洞的单位。因为没有规范，当有创新想法的出现时，那些是非之人就会拿自己的标准来推断别人做事的逻辑、过程和目的。比如喜欢钱的人，会推断你有私心；喜欢沽名钓誉的人，会认为你爱出风头。只有少数人会理解你。在这种情况下，你不要管他人的闲话，去做自己认为对的事情就可以了。

笔者建议创新开拓型的经营管理人才，就是做好自己。企业管理中，财务有财务纪律，人事有人事制度。在不触碰这些纪律的前提下，如果企业有员工对创新的事有非议，甚至恶语中伤。那么这个企业领导人该反思了，是不是企业文化或者流程制度有问题了。而不能只是让创新人才做到宰相肚里能撑船。因为商业经营犹如逆水行舟，不进则退。带动实体店的业绩提升一定是少数创新开拓型的精英，而不是剩下的大多数平庸之辈。敢于创新的精英只对基于科学的推断、事实的判断后提出的建议、批评，认真思考反思，其他非议，可以统统不予理会。你需要做的，只是做好你自己。

第五十六招　切勿关注小细节

如果每一位家长知道了孩子成长的每一个细节，那将会是一种什么样的心情？答案是心惊肉跳。

因为我们不能无时无刻地陪在孩子们的身边，绝大多数的事情需要孩子们自己处理，对待成绩、表扬、失败、讽刺、排挤……我们家长能做的，大多是事后诸葛亮，帮助孩子们分析、总结。

关注每个细节的团队，注定失败。带团队时不要试图去掌握团队所有的细节，如果一个事情你交给别人办了，领导要做的是过问一下工作进展，看看是否需要帮助，而不要去关注下属具体运作过程。

所谓工作细节，没有对与错之分，只有合理不合理。与下属沟通工作进展，要从这个角度入手。拿笔者曾服务的公司而言，许多总监出于对自己地位的担忧，生怕自己的下属做了错事，而导致自己承担责任。在完成具体工作时，百般过问细节，非要下属按照他的思路去修正，工作效果适得其反，执行结果平庸、无创新。

由于过多的干预，导致了下属在你面前唯唯诺诺，背后则大骂领导。

我们做领导的，应该想员工做砸了怎么收场、弥补、挽救。而不应该以关注细节为名，强加自己的主观意愿。细节里有魔鬼，这句话不假。但它适用于个人的认认真真做事。领导在团队管理中要做的工作，首先是做好榜样以身作则；其次，帮助每个人找到平淡工作中的乐趣与意义。不过多地关注细节，不是指领导撒手不管。领导应该确立工作的价值观与方法论，全体员工据此开展自己的工作。既不会偏离大方向，还会由于有主动性而大大提高创新活力。

第五十七招　管理口号要解读

在连锁商业企业做项目时，经常在实体店看到总部下达的标语张贴在店面。如“向管理要效益”“今天工作不努力，明天努力找工作”之类的话。我在同店长们沟通时，有些店长对于这类的口号嗤之以鼻、不以为然。认为这类口号不解决实际问题，光玩虚的，既然总部要求贴，那就贴上。还有些店长会抱怨说，向管理要效益，谁都知道，关键是怎么向管理要效益。货品不全、价格没有竞争力、地段不好、店里没有市场活动……马上一系列的抱怨就来了。管理不能只是贴标语、喊口号。

分析这些话的背后，不难发现一个典型的误区，那就是“误把喊口号、张贴标语”当成了管理。在连锁经营中，总部与各个店面的关系，总是处于微妙的矛盾动态平衡之中。从传统管理角度讲，总部需要全面把握店面，了解店面的全部信息，这样制订出来的经营策略才能接地气，理论上要求统一管理。但由于空间、时间的限制，实际上又难以做到。对于店面而言，由于经营的需要、个性化服务的需要、服务产品无形性的特点，在开展经营时，以一个独立的个体出现是最具活力的，理论上要求分权。由于经营业绩的压力，多数情况下，总部会做出一定的妥协，给予店面一定的权力。但如果店面权力过大，对于总部的权威、营销的系统性、品牌的塑造是一个极大的隐患。经营管理中最怕出现各干各的，为避免这种现象，需要统一大家的思想，因此标语、口号就应运而生了。

总部与店面需要统一思想，统一目标，这是连锁经营的需要。要实现这个管理结果，需要总部的权威。如果总部的权威没有树立起来，提什么口号、贴什么标语都白搭。店面的管理一般总部归口的部门是运营部，运营部总监要树立权威，可以有以下几个途径：

1. 获得总经理、董事长的支持。虽然运营总监属于公司的核心高管，但推行一个新政策还得需要公司最高层的鼎力支持，因此需要利用各种沟通渠道与公司最高层沟通，争取他们的支持。在前文讲过，成人已经形成了自己的“三观”，对于事物有了自己的判断，形成了思维定式；在公司政策发生变动时，店面会有自己的观点，往往与总部的观点有差异。由于店面是公司的核心，因此不排除店面可以直接和公司最高层建立联系的情况，如果运营部总监未能与最高层达成共识，而店面的不同意见让最高层接受了，那推行新政策难度就比较大了。为此，在推行新政策之前，一定要获得最高层的支持，请总裁开会动员、表态支持，这时再推出相配套的口号、标语；辅以店面培训巡讲，全员讨论怎么落实口号、标语，请店面拿出具体践行的方案，这样做由于上有支持、下有具体的方案落地，上墙的标语、口号就会被执行。

2. 获得店面的支持。运营部针对新问题推出新政策，往往会有同意的店长，也有不同意的店长。有些店长出于所有人与代理人矛盾思维的考虑，会质疑总部政策的出发点。对于出于这样考虑的店长，可以让这位店长拿出他自己的解决方案。一般而言他是拿不出来的，如果他拿不出来，说服他改变态度就比较容易了，顺势要求他使用运营部的方案。如果他拿出来了，让他就这一方案与反对他的店长们沟通，沟通好了再来全公司执行。

综合篇

58–72 招

第五十八招　学习日本零售王

2014 年 11 月 21 日，日本的零售之王 7–11 集团在川崎市武藏小杉开设了 Grand Tree 购物中心，该中心开业 13 天，累计突破 100 万客流量，每日客流量近 8 万人。全北京三大火车站在春运最高峰时，客流量为 50 万，也就是说这个店一天的客流量顶北京春运期间半个火车站。预计该店年客流量 2000 万人。他们究竟是怎么做到的？

高层的观念是创新的基础。观念是指一个人通过观察别人的行为，所形成的自己对事物、世界的看法。在这个案例中，Grand Tree 购物中心开业当天，董事长铃木先生做了一个讲话，他谈到“把商品陈列出来，挂一个 POP 宣传一下就把商品卖出去的日子已经结束了。”通过这个讲话，我们可以推测出铃木董事长对于当前商业企业一线经营现状的扎实了解，因为他的这个形象的讲话非常接地气。由于公司高层明白，传统的销售模式现在根本行不通，出路只有改变，因此会表现得特别开放。在整个购物中心筹备过程中，集团组织全体子公司高层讨论、相信年轻人的创造、大胆聘请外脑参与建设。

科学的理念是创新的方向。理念是指一个人通过学习获得的对于事物、世界的看法。由于相信自己理念的科学性，因此会让人在工作中特别坚持和有方向感。Grand Tree 购物中心项目经理龟井的理念是要把 Grand Tree 购物中心建设成大家乐意来玩的地方，在玩的过程中顺便买一些东西回家。在这一理念的指引下，整个购物中心的功能发生了转移，就像在一个游乐场中开设了一些摊位。在楼顶设置了一个有足球场那么大的屋顶花园，里面有精心设计的鲸鱼喷泉儿童游玩设施、有供拍照的花园、有形象教育功能的各种果树。龟井先生讲，如果能给周边的孩子们提供一个课后学习场所也是非常有成就感的。孩子们来玩、来开阔眼界，家长顺便买些东西。不仅仅是对孩子的服务有创新，对于成人也一样。该购物中心的布局与众不同，如一楼的西餐厅对面是品牌服装店、一楼的生鲜食品超市对面是杂货店，做这种布局的改变是需要勇气的。常见的购物中心布局基本上是分层管理的，女装为一层，男装为一层，食品为一层，而在这里就像一个自然形成的市场，按照人们无意识逛街的方式布局。再回到理念上来，由于相信理念的正确，剩下的事情那就是实现理念了。由于有了方向性，就不会迷茫和困惑。举一个我自己的例子，我所在的单位为一个培训机构，以往的培训项目招生都是单位通过发文件的方式进行直接招生。确切地讲，由于招生渠道单一，每次培训的招生并不是太有把握。在运作培训项目招生时，我认为培训服务和可口可乐公司售卖可口可乐本质上是一样的，会有直接渠道、间接渠道，同样培训招生也不是只有直接招生这一种渠道，可以和第三方进行合作。正是因为我有这样的理念，才会有渠道合作的举动。

对生活的细微观察是创新的源泉。在本案例中，生鲜食品超市的蔬菜切块项目让人印象深刻。这个项目由作为外脑的第三方柴田女士负责，她提出了“让热爱为家人做饭和还需要上班的女性做到做饭上班两不误”的概念。我相信柴田女士提出的这一概念，应该是源于她对于生活的感受与观察。这一点和我们上文提到的主动学习是一致的。为实现这一概念，她推出了蔬菜切块计划，即把蔬菜做半加工，如切块、切丝，购物者采购后可直接制作色拉。这一概念从想法变为现实是一个艰辛的过程，要解决切块蔬菜的保鲜问题、怎么计价便于消费者购买。期间，柴田女士参观考察、亲身体验、做培训，整整历时两年。这个创新的源头来源于对生活的体验与观察。

发扬集体智慧是不断创新的保证。这个购物中心没有设立传统的、大规模的百货店，而是设立了一个个缩小的百货精品店。虽然表面上面积缩小了，但所提供的服务由于微创新的出现而无限扩大。这个微创新就是与大型的百货店视频相连，在 VIP 间可以舒服地远程观看、听导购讲解名牌手包。这个微创新就是由这家店的店长提供的。

第五十九招　补足人性化短板

许多超市目前的状态是“规范有余，人性化不足”，体现在以下方面。

一是货品摆放不规范。很多超市经营过程中往往忽略一些细节问题，然而就是这些细节导致很多问题的出现。例如：货架标签和所售商品不符，很多顾客只看到标签而找不到所需产品；商品陈列高度没有考虑到男女身高比例，一些女性顾客够不到商品；有的超市的商品有灰尘而没有受到关注，顾客看到了会产生抵触情绪，本来想买的东西最后却不想要了；最后则是商品的质量问题，比如过期、损坏、变质等的货物是否及时下架，这些都直接影响顾客的购买心理。

二是服务人员素质参差不齐。大型连锁超市对其服务人员的要求还是比较规范的，导购员能主动耐心引导、服务顾客；小型自营的超市，目的在于便民，由于客流量较小，其中出现的问题也不大。主要矛盾出现在中小型超市，首先是引导员，在引导过程中，有的表现得过于热情，顾客一旦进入自己所负责的区域，就会“形影不离”，顾客每次停留，都会喋喋不休地介绍，看似负责，实际上会对很多顾客造成困扰；有的则表现得很冷漠，甚至在工作期间，与其他服务人员聊天或者擅自离岗，顾客想咨询某种商品，经常找不到人；其次是收银员。节假日时，结账的顾客会比平时多几倍，排队结账的人难免有抱怨的，很多收银员表现消极，对顾客不是笑脸相迎，这种不满的情绪，对超市形象没有任何好处。对于服务行业，做到友善是最重要的。

第六十招　统一思想最重要

公司组织结构调整后，容易出现新人被提拔，老员工被新人管，但会出现老员工并不服管的现象。事情往往会演变为老员工失落地离开，新人水土不服，这是一个两败的境地。工作调整的出发点，肯定都是为了工作好，但为什么会出现这样的状况呢？

服务业的工作，虽然可以流程化、具体化，但这种集生产、运营、销售于一体的工作，由于无形，因此体现为一种边缘化的工作性质。这里借用了哲学上边缘化的说法。也就是说，在工作中，你很难证明你的方法就是唯一可行的。

既然是这样的情况，工作中，最重要的事是统一思想。怎么统一思想？对于服务企业经营管理，那就是不折不扣地执行上级的决策。在这里谈一下，为什么统一思想对于服务行业特别重要？笔者拿过马路来举例子。两个人过马路，如果手拉手或者拉住对方的衣服（两人之间有身体接触）过马路，就会感觉到比较安全。这是因为，由于存在身体的联系，可以感知对方所处的位置，就能心无旁骛地专心避让车辆。否则，又得避让车辆，又得照顾同行之人，这种分心会特别的分神。服务行业企业也是这样，如果没有一个统一的思想，大家不但要对顾客服务，还需要琢磨企业内部人怎么想，这种内耗会伤及企业经营的。

能不能执行上级的决策，取决于老员工看待新员工的心态。我们既然没有十足的把握证明自己的经营成果，那从职业化角度而言，服从、执行，可能是最好的方法。除非你有了无可替代的地位，否则，职业发展最好的方式就是不折不扣地执行。心态决定你在服务行业的职业发展。

第六十一招　管理能力可塑造

在店面人才培养中，我们不难发现这样一种现象，有的营业员业绩非常好，是销售冠军。甚至一些销售冠军自己一个人的业绩占据店面整体业绩的一大部分。由于业务出类拔萃，于是，企业就把他提升为店长，提升之际设想由于业务出众，肯定店员都会服他，日常店面管理有制度，称职应该问题不大，可结果往往不是我们所设想的那样。有些销售冠军被提拔后，不但管理工作一塌糊涂，搞得店里矛盾重重；并且自己的业绩也大不如前。那管理能力究竟如何塑造？怎么培养人才？

提到管理能力塑造，我们得把这个管理一词分开来看，一个是“管”，一个是“理”。要想培养管理能力，首要问题是要解决一个心理问题。这个心理问题就是指优秀的管理者不怕直面人际关系冲突，敢于当面指出店员有问题的地方，要对人也对事。在人际关系冲突中，我们经常听到对事不对人这样的话，我认为是不对的。因为人际关系的焦点就是攻心为上，如果用对事不对人的态度，只是暂时给冲突的双方找了一个台阶，真正的问题还是没有解决。在这一点上有点像父母培养孩子，孩子做得不对的地方就要给孩子马上指出来。在工作中有一个原则，当一个员工做了不符合规定、让管理者不舒服的事，管理者一定要当面对他讲出来。例如，我们的店员偶尔会迟到、早退，看到这样的情况，作为优秀的管理人员，一定要当面指出来，不要怕人际关系冲突。在指出问题的时候，违纪员工肯定会找客观理由，这些找客观理由的行为，表面是在对抗管理者，其实他也是在听。批评完这样违纪的行为，管理者可以观察，这个违纪员工是否改进。对于一个店面而言，一个踏实的团队比什么都重要，对于实在是闹腾的员工、没有原则的追求自己利益的员工，笔者的建议还是尽早请他离开团队为好。作为管理者带领团队前进，不能靠哄着、腻着团队，而是要不怕人际关系冲突，提要求、指出不足。从人际关系的角度来看，首先指出对方问题者，本身就会处于主动地位。

管理能力塑造第二点要注意的是听。员工在与管理者谈问题时，优秀的管理者会静静地听，仔细听他把话讲完。我们在管理团队时，对于员工的性格特征都会比较了解，对于爱自我表现的员工，虽然他工作积极，但大家对他是敬而远之。因此，我们在挑选管理者时，要挑选能听的人。为什么要强调听的能力，这是因为店面的营业员都已经是成人，遇到问题向领导提出时，作为成人都有自己的处理办法，我们作为管理者那就是静静地听他讲，鼓励他把解决办法拿出来。员工之所以找你，往往是由于权限问题，自己做不了主。如果管理者上来就讲如何、如何，那这件事到底是管理者在做还是店员在做？把事情清晰地讲出来，某种意义上就相当于自己做了一遍。比如读者现在闭上眼睛在头脑里想“管”字，等你睁开眼睛时，就相当于写了一遍。管理者等员工讲完了，如果没有大问题，那就放手让他去做，由于这是员工自己的思路，执行力肯定没有问题；如果有不合理的地方，可以讲出来共同找解决办法。可以这么总结，听员工在讲，就是在管。

管理能力塑造的第三点是精确表达的能力。这个精确表达是指可以用形象的语言把问题的本质描述出来。这个精确表达的能力，就是“理”。管理者在领导团队时，需要把自己为店面所设定的目标变成下属的目标。这就需要管理者要有让思想语言与事实更为接近的精确表达能力。管理大师彼得·德鲁克发现，一项既定的目标，即使是十分科学的，要他人来认知和认同也是十分困难的。要想让下属与你“上下同欲”，那就需要管理者用形象化的语言，准确地表达，让对方一下子明白。在这点上，笔者向妻子学习了很多。她在带领团队时，总是能用形象的语言一句话把问题准确描述出来，让人明白。比如，她给主管培训时，讲解怎么带领团队，并没有大讲而特讲什么激励理论，而是用了“不能有私心”这五个字。这“私心”二字的提出，会让在座的主管一下子就明白了。我们设想一下，如果用“以身作则”“我们是干事业的”等概念来对主管进行培训，主管的认识能和管理者的认识一致吗？

第六十二招　培训提升服务力

让培训成为管理的一部分。乔布斯带领的苹果公司取得了傲人的业绩，让苹果的产品成为精品的代名词，不论是富人还是普通人都争相拥有苹果产品，iphone6 一出，马上就换了手里的 iphone5。苹果公司的另一个伟大之处，那就是由于苹果公司的精品式产品让我们中国的企业也越来越重视设计、重视品质、重视细节，结果整个中国的实体产品的设计水平都上升了。实体企业是这样，那对于服务企业呢，要不要追求精品式服务的创造？怎么才能实现精品式服务的创造？

服务行业是进入门槛比较低的行业，政府也鼓励搞服务经济，我们不难发现这个行业的竞争激烈程度远远大于实体企业。在这种激烈的竞争中，能立足的一定是能提供差异化、良好顾客体验的服务企业，服务企业如果要想有竞争力，也需要追求精品式服务产品的创造。

怎么实现精品式服务产品的创造呢。对于服务企业而言，服务企业所提供的是无形服务产品，而无形服务产品是由服务人员来提供的。因此精品式服务产品创造的关键是人。为创造精品式服务产品，我们许多服务企业喜欢将精力、重点放在制度建设上，喜欢研究怎么管人，喜欢用制度来制约或要求服务人员按照既定的规则来提供高品质服务。我认为这个不是最好的解决方法。俗话说，攻心为上，服务工作最强调的就是友善。靠强制的要求，能让人做出规范性的动作，但能让人做到友善吗？

解决服务员情绪的办法，最好的是培训。人是最容易受到具体情景影响的，这种影响持续进行就会改变个体的行为。我们常讲态度影响行为，但同时行为也一定影响态度。《影响力》一书中曾提到过这样一个例子，就是抗美援朝战争中，被俘虏的美军接受志愿军的改造，志愿军生活上优待俘虏，但要求他们每天拿笔写万恶的资本主义，揭发资本主义。就这么写了几年，好多被俘的美军彻底转变了对于社会主义的认识，心甘情愿地投身社会主义建设。笔者自己也有这样的例子，在写本书的时候，有时候是没有思路的，如果只是想，那几天都写不出来，后来就逼着自己坐在电脑前，逼着自己去写，结果都写出来了。这些例子都说明，具体的情景造就人的行为，态度决定行为，行为也反过来影响态度。人的大脑天天在这种情景下思考，自然就会产生适合这种情景的行为，时间久了这种行为就固化下来了。对于服务行业，在培训中，我们反复讲授友善是什么、友善的意义、优秀企业中服务友善是怎么做的、服务人员自己演练友善、呈现服务友善的案例，再辅以提倡友善服务的企业文化，近朱者赤，近墨者黑，时间久了，服务企业也会像苹果公司创造出高品质的产品。我们对于靠培训提升服务品质不要急于求成，我们只要今天比昨天做得稍微好点，日积月累，这个进步就是非常之大了，对于企业业绩的提升拉动也越明显。用一周写的书和用心一年写的书，哪本书品质会好，结果不言而喻。

实体门店的经营，服务本身就是产品的一部分，要实现门店的良好业绩，光靠制度建设是不行的，要把重点放在靠培训来塑造友善的高品质服务上来。好多时候，我们把门店的培训程式化了，只是单纯地让服务人员练习礼仪，熟背服务话术，今后我们要把培训重点放在塑造友善的情景，让情景来感染人心，让友善成为一种自发自觉的举动。

第六十三招　需求角度来管理

管理的定义就是为了实现组织的既定目标，对组织所拥有的人、财、物、时间、信息等资源进行计划、组织、领导、控制。如果一个店长是科班管理学专业出身的话，那对于这个定义会非常熟悉；也许会是这个定义坚定的综合实践者。一提到管理，马上就会想到做计划，安排人、财、物执行，并监督随时调整。理论上、逻辑上非常合理，可实际效果呢？定好的计划，如果大家都严格的执行，那企业的经营会多么的蒸蒸日上啊！

这也只能是理想状态。我们可以做一个对比，在21世纪最初的几年，去火车站坐火车，笔者的印象里还是混乱的人流，要询问工作人员在哪里候车，哪里上车。当时坐火车，全是靠问，为了防止误车，在北京我总得提前一个多小时到车站。而最近一两年，一订票就会有通知短信告诉你车次、时间；拿到车票后车票上印制着候车室，到了车站，大屏幕显示LED，告诉你明确的路线与标识。笔者现在除了春节期间，一般都是卡着点到火车站坐车，即到即走。

为什么十年时间发生了这么大的变化？变化最大的就是车站主动做了一些便于乘客出行的工作，短信告知、车票上印制候车室、明晰的标识、标志等。结合到我们店面的管理，我们也可以效仿铁路部门的做法。以前是要求你按照他们的工作计划、工作习惯来坐车，坐在那里等你来咨询；而现在是从解决乘客乘坐火车的困惑角度出发，靠短信、书面文字、标识、箭头来引导客流、提前安排乘车，也就是说现在铁路部门的管理改变是从满足顾客需要的角度出发的，而不是以前坐在办公室里，自己来做计划，管理乘车的顾客了。

回到我们店面管理中，也需要换换管理思维，从以前的计划、组织、领导、控制；变为从满足员工需求的角度来管理。对于员工的管理，一定要从了解员工的需求入手，90 后的员工最大的需求是公平、自由。公平是公开透明下的一视同仁；自由，不是想干什么就干什么，而是对自己的行为结果负责，如果这个行为结果不妨碍别人及店里的利益，那就可以去做。管理从需求角度来入手，那就需要我们在制定工作计划时，要从上述的角度来入手，要体现出公平、自由。并且需要在店里通过晨会、周会、月会、季会等多种会议场合向员工灌输店里的管理制度制定的角度是为了体现公平、自由。比如店里的在每个月给予一定数额的活动经费的前提条件下，要求人事专员来维护员工关系、搞店里企业文化建设等。如果没有经费，就单纯地要求人事专员来做上述工作，那也只是店长自己的计划，落实的可能性不大。当然这笔经费的来源可以向公司申请也可以店面自筹，数额不见得有多少。但是有这笔经费，对于人事专员而言，他会感觉到店里是考虑到了他工作的难度，这就是公平；有了一定额度的费用，他才有自由工作的天地。

第六十四招　怎么空降有艺术

商业企业经营中，聘请职业经理人来管理企业是常态。请“空降兵”，无可厚非。但“空降兵”来了如何开展工作，应该是艺术、科学、技能并举，这样才能做到双赢。

某公司新来一位职业经理人，担任运营总监，工作可谓大刀阔斧，质疑并改变前任留下的运营流程，绝不允许越级汇报，可自己又不能及时处理下级的请示来电，嘴上讲业绩第一，可是褒业绩最差的门店，贬业绩最佳的门店。他的这些做法引起了一些门店经理的反对，并且对他的不满已蔓延到了店面员工层。

来分析一下案例中总监的问题：

1. 自以为过去成功的经验可以移植。商业企业会由于销售的品类不同，而有其独特的经营模式。这位新任总监过去是卖婴童用品的，与现在卖钻石的思维模式显然是不一样的。钻石一单的成交，可能抵得上一个婴童店一个月的成交。如果，只是拿过去的流程来套用现在的模式，只会是与有实力的门店店长硬碰硬。

解决办法：先梳理人员，再抓业绩经营。商业企业人是第一生产力，人的感性绝对不是什么流程、科学管理办法能解决的。先摸清楚，现有人员中哪些是人才，哪些是害群之马。人才要尊重他的个性，害群之马要坚决清退。

2. 没有扎实调研。他来后，马上推出了公司组织结构调整的方案。说实在的，纸上谈兵，写一百个方案都不难。难的是，必须弄清楚企业当前亟待解决的是什么问题。有些问题不是开会鼓动一下，大家喊喊口号就行的。需要弄明白企业究竟遇到了什么问题。是激励不够？盈利模式不清？沟通不足？市场推动不力？竞争对手太强大？消费偏好发生转移？在没有弄清这些情况的时候，盲目求变，旧的问题被掩盖，又制造出了新的矛盾。

解决办法：在公司外找一个安静的场所，召开一线店长恳谈会。因为一线店长是公司大厦的四梁八柱，他们对一线、二线乃至高层、外部环境都有真实的了解。这个会一定要在外边安静、宽松的环境下召开，目的就是让店长讲真话。

3. 仅仅靠职位的权力来树立权威。总监这一职位本身就带来了权力权威，别人称呼你都是“某某总”。但这个“总”的称呼，仅仅只是一种礼貌，绝不是尊重。如果只是这样的发号施令，心的距离不会拉近，大家都是戴着面具完成工作而已。

解决办法：多去店面考察，发现不足后，在肯定店面原有做法的基础上，指出店面改进的方法，切实帮助店面，而不是指责。作为公司高薪聘请的职业经理人，要从合理不合理的角度给店面提出建设性意见，而绝不是从对与错的角度简单评判。因为，在你没来之前，人家已经运行了四年，存在的就是合理的，我们要做的是让它的运营更合理。

第六十五招　招聘要选文笔好

实体店该招聘什么样的商业人才？我曾收到一个店长所写的她自身购物经历的微信。微信内容如下：

购物有感：1. 贵的未必是最好的（第一种鹅绒 2700 元 / 只；搬新家时买了两只，第二种 1499 元 / 只；今天新买的一只）2. 销售的微笑，自信很重要。3. 销售的专业很重要。4. 对同品类品牌的了解很重要！鉴于老公的"不满"，需要重新购买一个枕头，对于我这个不喜欢逛街的人而言，今天便直接去了之前购买的品牌 ×× 家纺，想重新挑选一个较之前相对硬一点的其他材质的枕头，然而营业员面无表情地、很敷衍地简单介绍了一下，于是，我这个懒人决定再转转。走到 ×× 家纺，营业员微笑着热情地接待了我，并让我试用，看到我穿裙子特意引领我来到一个朝向向内的床上试枕，同时给我介绍此枕头有"记忆"功能，引起我的好奇心，得知我先前买的枕头价格不菲但不舒适的问题，她给我讲解了两种材质的区别及各自优点，介绍羽绒材质某某品牌制作最好，×× 家纺优势是花色最好，她们品牌优势在哪，建议我在购买时根据不同需求选择品牌，又主动提出可以拿她们品牌的这个枕头到隔壁的 ×× 家纺试用比较，很信任地让我拿走了，当我再次返回时，她非常自信地说您买回家试用后一定认为非常舒适，我相信您一定会再回来找我买另外一个的，同时表情非常坚定。她的坚定决定了我交款，付货后她主动提出如果还需再购物，可以先帮忙寄存，离开商场时再来取，并主动提醒可以兑换免费停车券——这就是区别，每个环节都让你舒适的优秀销售！

对于这位店长，笔者是用一种赞赏与研究的角度来看的。

1. 她是一个没私心的人。例如：她不允许经理们与店员一起吃饭，防止出现吃请现象。虽然是同一个商场，但确实有各个区域销售有苦乐不均的现象。谁都想去销售难度小的区域，她把选派去好区域变为她增加管理筹码的一个手段。

2. 她是一个主动工作的人，有品牌意识的管理者。她倡导店里组织员工旅游，边旅游边公益。既然我们定位是奢侈品，全店就是要有高大上的感觉。力推英文名字，抓大家的礼仪标准与服务意识。店里的团队活动搞得非常出色，运动会、年会、员工的婚礼等。正是由于她的主动工作，所在店面员工精神气十足。

3. 她是一个坦诚的人。我和她交流不多，但她会和我讲出她的苦恼，对于公司里个别流言，她主动提及，不回避。甚至在全体店员大会上也自己主动谈这些流言蜚语，告诉大家不要瞎讲，从逻辑与事实上证明自己的清白。这种坦诚是需要勇气的，我想正是这种勇气让她成为一往无前的勇士。

4. 她是一个有写作功底的人。看看我所转发她的微信，就能看出她的写作功底。写作功底好的人，文法清晰代表了思路明晰。优秀的写手懂得如何与人沟通。由于写作时有逻辑的想象力，整体布局的能力，他们会使事情变得易于理解，善于换位思考，善于变通地解决问题，懂得抓重点、砍枝节，这些在她身上都是可以观察得到的。

以上就是我关于这位优秀店长的梳理总结。企业招聘时，首先要挑选文笔好的人。可以让求职者写一个求职信或工作规划来衡量。其次，我们在工作中要关注主动为店面销售建言献策的人。这样的人一定要关注，因为他对于销售的理解，工作的主动性，对于事业的热情可以从此推测出来。

第六十六招　集权分权要平衡

连锁经营的集权与分权。在终端店面往往有这样的现象：几乎在所有的便利店，公司都跟加盟商约定：统一供货，“不得私自进货”，违者罚款，或者没收履约保证金。但实际上，除了第一批货，加盟商都会选择其他贸易商进货，因为总公司的进货价定得相对较高。 个别龙头企业对进货渠道管理相对严格，大多数加盟商必须从总公司进货，即使高价，也要拿货，这就造成了其零售终端商品价格往往高于其他便利店。我曾就此问题向一个知名连锁企业的加盟店店长询问配送率，他讲公司统一配送的商品顶多占比为 30%，其余的都是自行采购。

上述现象表面是为经济利益，实质上为集权与分权导致的总部与店面的博弈问题。在连锁经营中，先不说加盟店，即使是直营店与总部之间的关系也不是铁板一块。如果总部把权限给了店面，对于店面的具体经营情况掌握不了，店面会出现由于为了业绩而对具体经营行为进行变通的情况，这样就会使总部通过制度标准化、服务规范化等要求来提升品牌形象的策略基本上实现不了；如果总部把权限牢牢掌握在总部，店面的经营就会像一只大闸蟹，看上去很好，货品、装修、人员全部都是总部安排好了，但店长的四肢被彻底困住了。店面经营是需要高效率的，这样为确保掌控店面、牺牲效率的做法，不但无益于业绩甚至还会由于店长擅自决策而导致与公司总部运营管理层产生矛盾。

总部与店面集权与分权的问题是一个永恒而持续的问题，难得有一个确定性的解决方法，在处理集权与分权的问题上，需要把握好以下原则：

第一，总部是否属于强势品牌。强大的就集权，弱小的就得放权。第二，顾客购买的金额，如果金额巨大，那店面得有一定的权限。第三，店面所在地区的差异化，如果选址不理想，店面得有自主权。例如麦当劳虽然在一到五级城市都有，但由于目标客户一致，因此不需要放权。

第六十七招　买东西需要理由

过年回到家乡，家乡是一个省会的三线城市。虽然这是我的家乡，但是离开了十几年，还是充分感受到了与北京的不同。去当地的一个地区性的大型超市购物，明显感觉到超市货架空间的拥挤、环境的嘈杂。其实仔细观察所销售的商品，与北京大型卖场销售的差不多，但由于环境的杂乱，让笔者感觉商品的档次与北京还是有些差距。

给顾客一个购买的理由。人们之所以购买某种商品或者服务，原因就一个，就是因为他想购买。在物质匮乏年代，人们的需求很明确，那就是吃饱穿暖。而在物质丰富，不缺吃穿的情况下，人们往往会迷失。就像我们每天发愁吃什么，在吃不饱的情况下，这会是个问题吗？物质丰富年代，需要引导消费者，给予购买理由。消费者是非常容易被影响的，我们可以做一个实验。笔者在写作本书时，旁边坐着一个北极熊，在看笔者写作。看到这里，我想读者脑海里肯定会浮现出这一荒诞场景，那个不可能出现的北极熊就活灵活现地出现在脑海里。对于购买理由的设定，第一是设定消费场景。大多数人是处于不太清楚自己想要什么的情景，只有听到了或者看到了，才会让自己的需求明晰起来。例如，2016 年是奥运年，在奥运氛围的营造下，大量阶段性的体育爱好者会涌现出来。第二是给予消费者一个完整的消费方案。对于一线城市忙碌的生活，做饭对于许多职场人士而言，已经成为负担。吃什么、购买食材、加工食材、餐后的收拾，让人不堪忍受。于是就有了提供消费方案的营销出现。比如卖场推出的“牛肉罐头 + 白菜”，味美而又有营养的晚餐解决方案就出现了。

追求更好的身心舒适度。在给顾客一个购买的理由同时，还需要给顾客一个进店的理由。消费升级不是消费者富裕了，消费者就会消费得多、买得贵。根据马斯洛需求层次理论，人的需求分为“生理需求、安全需求、社交需求、尊重需求、自我实现需求。”随着消费者富裕程度的增加，低层次需求被满足、高层次需求不断被激发的过程，同时也是消费者自我意识不断增加的过程。以食品为例，从能吃饱的生理需求到要求健康、绿色食品的安全需求，再次发展到购买食品以外的社交、尊重需求。比如对销售食品的实体店环境身心舒适度的要求，就会随着收入的提高而不断提高。一般来说，通道的宽度约货架高度的 80%~120%，人与人之间的安全距离为 1.2 米。如果购物通道过窄，人与人安全距离被打破、消费者的活动空间被挤压，而导致消费体验极差。这种差的消费体验会导致消费欲望的降低。所以实体店经营中，一定要注意现场环境的身心舒适度，这个现场环境的身心舒适度，已经成为卖场商品的一部分了。

职业化程度越来越高。消费者之所以富裕，是因为生产效率的提升。这个提升一定是建立在社会分工越来越细的基础上的。

正是由于细致的劳动分工，导致了劳动生产效率的提高，才会有收入的提升。态度决定行为，行为也反过来影响态度。长期的劳动分工会培养职业精神，即干什么工作必须就像干什么的。服务行业首先需要的是热情、快、专业，如果缺乏这三点，那就是职业化程度低。这种低职业化的情况也会影响消费升级。试想一下，一个服务效率低下、态度不友善的实体店，凭什么让消费者选择。

学习力的不断提升。在理解这个问题之前，我们一定要清楚，各种新商品、新服务、新观念的出现，会使人不断进化。消费者已经变成了见多识广的消费者。因此实体店经营者一定要比消费者高明、要成为消费者的良师，只有成为能够引导消费者消费的高明老师，消费者才会欣然掏腰包。

第六十八招　营销概念要清晰

为把东西卖出去所做的一切，都是营销。市场营销是关于构思、产品和服务的设计、定价、促销和分销的规划和实施过程，目的是创造能实现个人和组织目标的交换。这个是美国营销学会在 1985 年给出的关于市场营销的定义。看完这个定义后，作为实体店的经营管理人员，不知道能否真正理解它？笔者曾在课堂上利用培训互动，做过一些调查，大多数人读完这个定义后是似懂非懂，字全部都认识，也知道是讲什么，但是和自己的工作、生活无法建立有效的连接，并不能真正理解该定义。由于现在社会的高度分工，我们的购物经历基本就构成了一个人的成长经历，因此我们对于营销是不陌生的，会形成自己对于营销的概念。一旦碰到上述的那个定义与我们头脑中对于营销的认知存在差异，我们就会陷入似懂非懂的境地。

作为一名负责实体店经营管理的负责人，我们需要带领全体员工获得好的销售业绩，需要有亮点、瞄准顾客痛点的经营计划和活动方案。在听取各种各样提升业绩的意见后，再结合当前需要解决的内部管理等问题，所有的说法好像都有道理，但就是不能在自己的头脑中整理清楚，这种错综复杂会让我们的思想混乱，反而不知道该怎么做了。这时候店长如果求助于专业书籍，看到上文的市场营销的定义，会觉得说得有道理，但是由于对这个定义不能真正理解，反而出现了书面与实际两张皮的现象。

要解决这个两张皮问题，首先需要对市场营销的学术定义做如下通俗性的说明。根据我的观察与思考，结合市场营销的定义，笔者认为“为了把东西卖出去所做的一切（合法的行为）就是市场营销”。用这个说明作为实体店经营管理的方法论，就比较容易统领混乱的思想。为了把东西卖出去，我们需要做店面宣传、需要对客户的沟通、需要分析客人的需求、需要良好的服务、需要有吸引力的特价商品……所有这些需要都是为了追求一个结果——把东西卖出去。在“为了把东西卖出去”思想统领下，店面所做的一切都会在或近或远的将来促进店面的销售业绩。

关于店面经营管理还有一个问题，那就是经营是第一位的还是管理是第一位的。表面上看好像是一个先有鸡还是先有蛋的问题。但仔细分析一下，发现这是一个伪命题。因为实体店销售是服务行业，服务行业的特点就是店面现场的运营过程就是销售过程，销售过程就是服务过程，怎么能轻易地区分开呢？如果结合上文的观点“为了把东西卖出去所做的一切（合法的行为）就是市场营销”，从这个角度进行理解，就顺畅了。为了把东西销售出去，对店容、陈列、礼仪、考勤、卫生、规范化等的要求既是管理要求也是经营要求，在为了把东西卖出去的问题上，经营与管理是一枚硬币的正反两面，要同时兼顾。在这里需要提醒我们的经营管理者，实体店经营是一个“运营、销售、服务”三位一体同时进行的过程，对于员工的要求其实是非常高的。因此，我们要想提高我们的服务质量、获得更有活力的团队，建议一定要从招聘做起。要选择一看就阳光、真诚的员工，因为阳光、真诚这种与生俱来的天性对于实体店从业者而言，是一种能力。

第六十九招　经营管理要同步

对于实体店经营，经常会有这样的纠结，到底是经营重要还是管理重要？回答这个问题，可以从以下几个角度来进行。

不论是便利店还是美容店，对于实体店经营而言，服务过程就是销售过程，因此对于实体店而言，经营与管理工作是并行的。在上文我们曾讲过，实体店经营是一个“运营、销售、服务”三位一体同时进行的过程。实体店管理的目的是把实体店所有工作人员，有机整合起来像一个人在工作。如果能达到像一个人那样，实体店的运营效率、服务质量将会达到最高。在为客人提供真诚服务的统领下，结合实体店自身发展目标、所具有的资源，将全体员工利用管理技术有机聚合起来，来整体实现目标。在这里可以看到经营和管理其实是一枚硬币的正反两面，没有孰轻孰重。需要提醒各位实体店管理者，对于经营正常的实体店，必须同时抓经营与管理，不能有所偏颇。管理是为经营服务，经营是来支撑管理。

但对于经营业绩不佳的实体店，经营与管理却不能机械地认为同等重要。这是因为实体店经营需要很高的士气，但由于业绩不佳，实体店的员工心理压力极大。在这种背景条件下，如果再一味地抓管理，而不寻求经营的突破，难免会出现越管理经营越差的局面。在这种状况下，需要实体店来调动全体员工的积极性，来寻求顾客真正的需要，集体努力来扭转业绩不佳的局面。

同样对于经营业绩良好的实体店，实体店管理者可以在盯住业绩的同时，在管理上提出更高的要求。管理永无止境，对客户服务永无止境，通过深挖管理潜力，激活大家的士气，来获取经营的胜利。

对于经营管理，笔者有一个比方。想取得好业绩的实体店，就像迎接一场考试，作为考生能做的就是认真复习、合理安排时间、锻炼好身体而不是猜题、押题。如果能做到认真复习、合理安排时间、锻炼好身体，那么考试成绩就不会差。经营管理也是这样，我们能做的就是踏踏实实地搞好对客服务，认认真真搞好员工管理。做到这两点，实体店的生意绝对不会差。

第七十招　打牢店长基本功

经营管理的提升是永无止境的，作为店铺的经营管理者，想要获得持续性的提升，所能做的就是不断学习。在此推荐几本对笔者影响比较大的图书，以书评的形式供各位经营管理者参考。

推荐图书（1）《细节营销》

一、他说

柏先生是一个善于启发大家思维的人，他用了很多真实经历、企业案例等告诉我们："爱你的产品、爱你的客户、爱你的市场营销。"

——潘刚

内蒙古伊利集团实业股份有限公司董事长

柏唯良教授是国际知名的市场营销学教授。他在中欧国际工商学院讲授市场营销课已经 15 年，一直是最受同学们欢迎的教授之一。如果不信，请买一本读读看，如果不读，那一定会成为你的一大遗憾；如果读迟了，总有一天会拍案叫悔：“要是早读了这本书，我那个项目（或者机会）就不会损失！”

——刘吉

中欧国际工商学院名誉院长

二、作者

柏唯良教授是中欧拜耳医药保健市场战略教席教授。他为EMBA 和短期培训课程讲授市场营销学与战略学课程，同时还在美国哥伦比亚大学为高层经理讲授工业营销学课程。其研究与著述集中于市场营销、战略与国际商务领域。他最近的成果发表于《战略管理》《加州管理评论》《组织行为与人类决策过程》《中国商业评论》等著名刊物，从密歇根州立大学取得博士学位前，柏教授曾在多家公司工作，其中包括荷兰和瑞士的飞利浦公司及美国的托利多衡器公司（ToledoScale）。柏教授曾经为许多国内外公司提供咨询服务，设计或讲授公司特设课程，其中包括柯达、汉莎、诺华、路威酩轩、巴斯夫、通用电气、步步高、博时、神州数码、西门子、霍尼韦尔、惠普、诺基亚、摩托罗拉、伊莱克斯、英美烟草集团、江南造船、光明乳业、浦东新区政府、联通、平安保险公司。柏教授自 1994 年起开始在亚洲工作，1994–1996 年期间担任香港科技大学教授。

三、作品简介

《细节营销》是一本关于营销细节内容的书，它首先界定了市场营销自身的科学性，而不是我们传统上认为市场营销是经验主义。另外，从市场细分、客户、广告、定价、分销等方向性问题上，

阐释了这些细节营销中的大智慧

四、导读

一本使你成为真正市场营销经理的书

改革开放 30 多年，中国社会变革巨大，其中变化最大的莫过于市场的观念深入人心。商业生活已经和人们的生活密不可分，甚至可以这么讲，每个人的购物经历、接受每一次礼物的经历构成了一个人的人生阅历。对于商业活动的耳濡目染、亲身经历，每个人对商业活动的策略都略知一二，打折、买一赠一，免费品尝等策略张口就来。虽然我们这么熟悉，可在企业里真正让我们提出一个市场方案时，除了打折还是打折，想不出来还有什么更好的方案。

店铺管理者有时会自己寻求一些市场营销书籍来看，会被书店里书架上满满的市场营销方面的书籍之丰富而吓到，挑几本经典的、书名玄乎的、热门的来看，脑子里很快就充满了营销的经典 4P 理论、时髦的 4C、4R、4V 等，按照这些理论做方案、指导自己的工作。但又陷入了另一种茫然，这些框架性的理论，框住了自己的思维，不知道到底采用哪个理论好。市场营销到底是爱客户呢？还是与竞争对手竞争？打折有用吗？

这本书的出现，给读者带来了全新的视野，让读者可以站起来俯瞰原先一个平面的市场营销。众多的困惑，会随着这本书《细节营销》的阅读豁然开朗。

这本书的作者柏唯良教授，是中欧商学院“市场营销学与战略学”的教授，拜耳教席教授。他经常为 EMBA 和高层经理短期培训班讲授市场营销学与战略学课程，曾荣获 2008 年和 2009 年学院教学优秀奖。其新锐的观点迅速折服了听课的老总们。他为许多国内外公司提供了咨询服务，设计或讲授公司特设课程，其中包括步步高、TCL、博时基金、联想、神州数码等数十家国内的企业。

在他看来，要做好市场，其实很简单。市场做不好是因为没有真的站在客户的角度看问题。比如对于消费品公司，他建议摆放成超市货架的样子，这样可以随时体验客户的感受，并因此提出了 4P–4C 兼容并蓄相结合的理论。市场营销经理眼里是 4P，客户眼里是 4C。如果一个市场营销经理结合两者来理解，就会打开创新之门。比如给孩子买一个汉堡，4P 里的成本是价格，4C 里却不仅仅是花了多少钱买这个汉堡，还包括明知道这个是垃圾食品还给孩子吃带来的良心的谴责。从这个思路出发，如果对客户的广告语改为：孩子吃汉堡带来的愉悦，也是一种营养。就会大大降低客户的负罪感。

柏唯良教授的这本书在梳理了市场营销的方方面面的同时，还解决了一个市场部职能、市场营销工作属性的问题。他认为市场营销的工作性质应该是一种有着科学性的艺术，公司应该把市场营销工作当作一个研究性质的工作，而不仅仅看作一个执行部门、一个靠经验从事的部门。重视市场营销研究的公司，竞争力会大大提升。

这位掌握无数中西营销实战案例，洞悉中国文化的教授，所写的这本书，在让读者清晰了解市场营销是什么的同时，还会启迪激发出营销经理无数的创新思维。在书中展开阐述一个市场营销元素时，他都会提出具体的建议、观点。比如对于定价策略，他讲打折时要讲绝对金额，收费时说百分比。坚持诚实，这是市场营销领域最好的创新。你在寻找差异化的新方法？诚实就是。诚实是公司最宝贵的资产。作者对于市场营销的观点可以确保我们做事情的方向，书中丰富的例子让我们更好地理解营销的技巧、方法、途径等。

本书的翻译朱宇女士，尽得柏唯良教授真传，文字幽默而轻松，读此书时丝毫感觉不到晦涩与头疼，朋友们即使当作小说读，也无任何问题。

五、延伸阅读

建议阅读《定位》作为《细节营销》一书的延伸阅读。该书深入阐述了定位理论和操作方法，并配有丰富的实战案例解析，指导企业家成功进行企业定位，获取商业成功。《细节营销》可以为我们打开市场营销的专业之门，《定位》则可以当作打牢营销基础的专业书籍。

推荐图书（2）《街头创业经》

一、他说

“这些年来我亲眼看见无数创业公司犯下许多愚蠢的错误，他们应该听听诺姆和博的观点，这样他们就能把更多时间用在建立卓越企业上，而不是自毁前程。”

——菲利普·卡普兰，AdBrite 网站创始人

“作为一个企业家，你不是成为商业达人就是沦为案上鱼肉。《街头生意经》这本书就是一本实事求是的成功学手册，适合所有心怀创业梦想的奋斗者们。”

——约翰·詹奇，《胶带营销》的作者

二、作者

诺姆·布罗茨基是CitiStorage及其他七家创业公司的创始人，三次跻身《企业》杂志500强企业家之列。1995年他开始为《企业》杂志月刊专栏写作（与博合作编写）。目前定居于纽约州布鲁克林市。

博·博林翰是《企业》杂志自由编辑，与人合作编写《玩转商业，赌注结果》一书，同时也是《小巨人》一书的作者，后者曾入围英国《金融时报》/高盛集团年度最佳丛书奖的最终名单。目前，他定居于马萨诸塞州剑桥市。

三、作品简介

《街头创业经》是作者在商界打拼了17个年头，创立了7家公司，其中3家跻身Inc.500强的经验总结。本书会告诉读者一些MBA课堂不会教的经验，这些点子都不是学术化的观点，而是一些实实在在的方法：比如在细节方面，用手和笔记账，而不靠Excel；比如无论你和员工有多好，都不要逾越业务关系……最重要的是，在你制定商业计划之前，一定要做好人生规划。

四、导读

创业辅导师对你的创业辅导

从微信朋友圈里分享的做人的道理就不难看出，人在企业的无奈。工作本身难不倒人，反而是如何在企业中做人，是一大课题。有了自由的心，却还要被控制，这就是打工者的无奈。

初次创业的朋友，最怕的是触到商业海洋中的暗礁，不明不白地公司倒闭。这个时候，如果得到多次创业成功、经验丰富的“老水手”的指导，不啻是一种福音。而《街头生意经》的作者诺姆就是这样一个老水手，他创业多次，有成功有失败，其中一家快递公司曾连续 3 年跻身于《企业》杂志评出的美国快速成长 500 强之列，而他创办的另一家商业档案托管公司，通过融资合并的形式，为诺姆赚取了 1.1 亿美元。他熟悉探宝过程中的机会和风险，对企业经营过程的感悟可以说是一字千金，对我们想创业的朋友而言，有着重要的借鉴价值。

很多初期创业者都会犯一个致命的错误，就是把未来想象得非常好，考虑了诸多对自己有利的因素，对自己不利的因素视而不见。比如初创者会把应付账款周期想象得非常长，应收账款想象得非常短，如何有利自己就会如何想，这种只凭自己感觉的想象，就像坐着泰坦尼克号去出海。这本书会把你拉回现实，让你考虑周全，明确告诉你，你得面对诸多的困难，为了挺过最初的生存线，必须保证你的现金流畅通无阻。

对于创业，我们很容易走入误区。好多创业书鼓励你凭着精妙绝伦的创业点子，放手去做，这种站着说话不腰疼的建议，对于一个连一点商业意识都没有的创业者而言，基本上就是精神鸦片。在为什么创业会失败这一章节中，作者结合案例，给我们上了一课。第一点：创业计划必须自己亲手写出来，不应该依赖于任何软件。并且创业计划只需要诚实地回答 4 个问题：（1）你的理念是什么？（2）你打算怎么实现这个理念？（3）你认为生产和销售产品需要投入多少成本？（4）你认为当你开始创业进行销售时可能面临哪些问题？ 另外也分享了到底是进入成熟市场还是新市场好。他认为：有很多竞争对手其实是一件好事，因为培育新市场是一项代价昂贵的任务。 第二点：如果你第一次创业，那么亲自创业比购买公司要好。 第三点：第一个创业计划应该尽可能简单，应该由你本人亲自完成，应该是写给你自己而不是写给潜在投资者看的。

第四点：你的时间比金钱更宝贵，千万小心不要做无谓的浪费。

通篇都是这样的经验分享，虽然没有什么高深的理论支撑与统计数据分析，但这种真实的分享，犹如脚踏实地的提醒。另外每节都有读者就创业问题的提问和作者的回答，这种形式新颖的内容，又从不同的角度再次阐释了那个章节所讨论的问题，让本书所涵盖的内容更加丰富。

五、延伸阅读

推荐阅读大前研一《创新者的思考：发现创业与创意的源头》（珍藏版）。

这本书不是大前研一第一本谈论创新及创业的书，却是他第一本专门讨论创业的书，书中内容来自他 9 年来在创业者商学院的授课讲义。一般创业的著作比较偏重创业过程及创业后的管理，大前研一的重点则着重在创意的思考。

推荐图书（3）《自控力》

一、他说

“对于想了解如何更有效完成目标的人来说，这本书意义重大。麦格尼格尔清晰分解了繁多的相关科学研究及其应用。她还提出，认识到意志力的局限性对培养自控力至关重要。”

——杰弗里·M·施瓦兹医生

“真是一本解放思想的书！凯利·麦格尼格尔解释了意志力的科学本质，粉碎了那些我们信以为真的神话。全书建立在鼓舞人心的事实上，而非压迫性的荒谬言论上。强大的意志力终于是每个人触手可及的了。”

——杰夫·科尔文

二、作者

凯利·麦格尼格尔教授（Kelly McGonigal，Ph.D.）是斯坦福大学备受赞誉的心理学家，也是医学健康促进项目的健康教育家。作为一名健康心理学家，凯利·麦格尼格尔博士的工作就是帮助人们管理压力，并在生活中做出积极的改变。多年来，通过观察学生们是如何控制选择的，她意识到，人们关于意志力的很多看法实际上妨碍了我们取得成功。例如，把意志力当作一种美德，可能会让初衷良好的目标脱离正轨。所以，麦格尼格尔要求她的学生了解影响自控的生理学基础、心理陷阱和各种社会因素。本书为读者提供了清晰的框架，讲述了什么是意志力，意志力如何发生作用，以及为何意志力如此重要。

三、作品简介

对于奔波于职场与家庭的女性，由于信息时代信息的过度泛滥，会让处于上班、照顾家庭双线作战的女性抓狂。通过阅读本书，将会明白有自知之明是自控力的基础，弄清自己如何失控，为何失控，将会更大的提升我们的自控力，让自己的生活更丰富多彩。

四、导读

自控力提升之道

现代社会充斥着诱惑和刺激，不断冲击着人们的自控力。面对这种种诱惑，绝大多数朋友都懊悔自己怎么抗拒不了诱惑：减肥管不住自己的嘴；戒烟往往复吸了，比以前抽得还凶；发誓不再乱买东西，可还是受不了网页打折的诱惑，只能发出剁自己手的誓言。我们总是陷入下决心、发誓、忍不住、自欺欺人、违背誓言的一个又一个失控的循环中。最后，我们会有这样的误区，认为自控力强的人是天生的，把自己归类到自控能力弱的阵营里。

凯利写的这本《自控力》却给了我们另一种答案，通过科学的研究，洞见自己失控的原因，明白自己意志不坚定的原因，会大大改善自己的意志力。再辅以训练，杰出的自控力是可以培养出来的。

这本书脱胎于作者所讲授的一门《意志力科学》课程，汇集了心理学、经济学、神经学、医学等领域关于自控的最新研究成果。作者写这本书的初衷，是为了让读者看完书后，像上了她的课程。本书共十章，就像一门十周的课程。对于这本书，可能一个下午就能看完。但这只是从理念上了解了这些概念和概念背后的科学原理。要想从理念上理解，过渡到真正的行为，那就需要认认真真做每一个章节的练习。读者不要太在意练习的难度，可以把这些练习当作一系列的心理训练，尝试与观察书中所给的想法在生活中的自我应用情况，并进行反思。

读者要注意每一章的两类作业，“深入剖析”与“意志力实验”。前者会让我们深思、注意某一概念是如何在我们的生活中起作用的。后者属于策略，基于科学研究与理论，可以切实提高自控力。通过作者缜密的科学论述，让人共鸣的人性了解，小小的容易操作的训练，会让读者觉得自控力这么一个只可意会、不可言传的感觉会变成切实可触及的实在概念。

和许多西方社会科学的书一样，作者会把一个问题分析得水落石出，用确切的语言描述了失控行为形成的原因，读《自控力》会让我们有一种画面感。这种感觉有助于我们理解原本抽象的概念。

五、延伸阅读

在此推荐高杰的《自控力：如何有效地掌控自己的情绪》。本书指出，善待自己是给自己减压，而很多时候，人们屈从于欲望往往是为了逃避压力。只有行之有效地缓解压力，才能使人们不再为了逃避压力而被诱惑。这可以说是一针见血地指出了人们意志力崩溃的最重要原因。而大多数同类书籍则要求我们反复提醒自己要自我约束，而几乎不会教我们如何去缓解压力。本书介绍给我们一种健康的人生心态：要敢于面对挑战，这样才能获得自由。

推荐图书（4）《经济学原理》

一、他说

这本书的最大特点是它的“学生导向”，如作者自己指出的，他要写的是一本学生喜欢的经济学教科书。与其他同类教科书相比，本书强调得更多的是经济学原理的应用和政策分析，而不是正式的经济学模型。为此，作者在大部分章节里都提供了案例，以说明经济学原理如何应用于现实经济问题的分析。此外，作者在书中还提供了大量的“新闻摘录”，以使读者懂得什么是生活中的经济学。

——张维迎

曼昆的东西让你觉得，学经济学原来也是一种享受。

——梁小民

二、作者

N. 格里高利·曼昆（N.Cregory Mankiw），是哈佛大学经济学教授。曼昆教授是一位高产的学者和一位学术与政治争论的经常参与者。他的著作发表在许多学术杂志，如《美国经济评论》

《政治经济学杂志》和《经济学季刊》，以及更具普及性的报刊上，如《纽约时报》和《华尔街日报》。

他也是最畅销的中级经济学教科书《宏观经济学》（沃思出版公司出版）的作者。除了教学、研究和写作之外，曼昆教授还是国民经济研究局的合作研究人员，国会预算办公室、波士顿和纽约联邦储备银行的顾问，以及 ETS 考试研发委员会下设的经济学高阶水平考试委员会成员。从 2003 年到 2005 年，他担任总统经济顾问委员会主席。

三、作品简介

曼昆的《经济学原理》实在是经济学教材中难得的经典之作，作者遵循“学生导向”，独创“经济学十大原理”，为读者奉上了一本不一样的经济学教科书。不枯燥，不繁复，文笔简洁生动，案例贴近生活，全书穿插大量新闻摘录、案例研究、参考资料等专栏，且恰到好处地配以图片和漫画，系统又饶有趣味地讲述了经济学知识。也只有曼昆，才可以深入浅出，将经济学演绎得如此有趣，这般精彩！

四、导读

像小说的经济学原理教科书

这是一本能让读者坚持读下去的经济学入门课外读物。之所以用的是“课外读物”一词，没有用“教材”，因为不必像学生那样非要做课后的练习，也就是说不必要有那么大的压力。因为它有趣，所以店铺经营管理者可以把它当作课外读物来读，可以像读一份专业的财经类报纸那样来读它。

这本书就是美国学者曼昆写的《经济学原理》，本书分微观经济学与宏观经济学两部分。

风度翩翩的曼昆教授全名为，N. 格里高利·曼昆，他是哈佛大学经济学教授，并且是哈佛大学历史上最年轻的教授。作为学生，他曾在普林斯顿大学和麻省理工学院学习经济学；作为教师，他讲授过宏观经济学、微观经济学、统计学和经济学原理。同时，曼昆教授是一位高产的学者和一位学术与政治争论的经常参与者。他的著作发表在许多学术杂志及更具普及性的报纸上。他所写的这部《经济学原理》已经一版再版了，目前为第六版。

这本书的最大特点是它的“学生导向”，如作者自己指出的，他要写的是一本学生喜欢的经济学教科书。在书的前言中，曼昆自己讲：“我尽力地把自己放在经济学初学者的位置上。我的目标就是强调学生应该而且也会发现学习经济学的乐趣所在。”在信息爆炸的现在，对所学的东西首先要感兴趣。相比其他经济学书籍，曼昆的书一直十分看重对“经济学思维”的培养，他用诙谐的语言，上来就把复杂的经济原理简化为经济学十大原理。这十大原理是：人们面临取舍；某种东西的成本是为了得到它而放弃的东西；理性的人考虑边际量；人们会对激励做出反应；贸易能使每个人状况更好；政府有时可以改善市场结果；一国的生活水平取决于它生产物品与劳务的能力；当政府发行了过多的货币，物价上升；社会面临着通货膨胀与失业之间的短期交替。带着这些先入为主的原理，来理解书中的案例、新闻分析等，读者会对好像自己获得了一种分析错综复杂的社会现象的能力而感到愉悦。甚至自己也可以大胆预测了。比如对于女性而言基本上是一直在和减肥做斗争，一边是苗条身材的向往，一边是秀色可餐的美食，由于人们面临取舍，所以不要再感慨女人的辛苦了，这就是生活，因为生活处处面临着取舍。如果懂这方面的知识，在店里和顾客攀谈起来，她会觉得你特别懂她。

毕竟这套书最初的目的是学生的教科书，所以书中还是有一些说明理论的图表，只有简单的直线和斜线，但对于有简单数学知识的人来说可以比较形象地说明理论——对于文科生来说，可能有点障碍。不过不要紧，梁小民老师翻译得很到位、叙述非常完整，即使跳过不去研究这些图表，对于理解全书的理论也没有任何的问题。

五、延伸阅读

《理念的力量》这本书涵盖了著名经济学家张维迎近年来所主张、研究的主要观点，书中论点涉及市场、法治、改革、未来发展等重要领域，列出了作者长期思考的影响社会的 24 个重大理念。本书没有专业的经济学术语，而是用简单形象的类比说明经济现象，解决实际问题，是中国改革最前沿的一流经济学家为普通读者撰写的经济学读物，也是获取正确的经济观念、理解中国经济和世界格局的第一手资料。

第七十一招　餐饮消费非理性

本文为笔者发表的论文，本论文虽然重点论述了餐饮业顾客消费的非理性特点，但“锚定效应”、“三”之威力、免费的诱惑、预期的力量、特价诱惑、“一国两制”六大非理性消费行为也同样适用于整个服务业。了解了顾客消费行为特点，对于实体店制定有针对性的营销策略，将起到非常好的理论指导实践的作用。

一、餐饮业的营销特点

餐饮业是制造与服务相结合的特殊行业。餐饮业具有餐饮产品生产、销售、消费的同一性和同时性，餐饮产品的不可贮存性及餐饮原料质量要求高、易腐烂的特殊性。这些特性对餐饮业的营销效率提出了较高的要求。在具体的餐饮营销中，客人的餐饮消费行为是比较容易被观察和记录的，这就为通过对顾客消费行为的研究，提炼营销策略、提升营销效率提供了可能。

二、餐饮消费中非理性行为现象分析

(一)锚定效应

人们对会议宴、婚宴、谢师宴、满月宴等存在较大需求。若干餐饮企业为更好地满足此类需求,专门策划设计了系列的餐饮套餐供客人选择。例如,某酒店推出以“真爱永久”为主题的个性化婚宴品牌套餐,如下表:

“真爱永久”宴会报价单

百年好合宴 A 款 B 款	1088 元
天长地久宴 A 款 B 款	1288 元
龙凤呈祥宴 A 款 B 款	1688 元
金玉良缘宴 A 款 B 款	1988 元
吉祥如意宴 A 款 B 款	2588 元

当客人看到这个建议菜品单时,就容易出现锚定效应。锚定效应(Anchoring Effect),又称为沉锚效应,是一种重要的心理现象。它是指当人们需要对某个事件做定量估测时,会将某些特定数值作为起始值,起始值则像锚制约着估测值。在做决策的时候,人们会不自觉地给予最初获得的信息过多的重视。心理学家特沃斯基和塔尼曼曾因此发现获诺贝尔奖。

在客人与酒店洽谈婚宴时,客人看到此婚宴策划就容易出现价格、菜品的锚定效应:

由于婚宴的起步价是 1088 元,所以客人的心理承受价格往往也会以 1088 元为起步价，酒店企业在价格商谈中就处于比较有利的地位。原先单个的菜品被诸如“百年好合宴” “天长地久宴 ”等吉祥如意的名称赋予了特殊的含义，客人的关注点从关注单个菜品转移为关注整体，这就为酒店推销菜品降低了操作难度并显著提高整体菜品的盈利能力。酒店经营者要善于利用客人由于锚定效应而产生的非理性行为，在菜品推荐、价格制订上创造有利的条件。

（二）“三”之威力

麦当劳有三种规格的薯条，很多餐馆的中午套餐都是三种价位，有三种价格的产品比比皆是。这有何独特之处呢？举例说明，当客人看到上面的推荐菜单时，其中的百年好合宴 1088 元、天长地久宴 1288 元、龙凤呈祥宴 1688 元，消费者会选择哪一类？客人很难把不同菜单的价值算出来。人们不能确定 1088 元的百年好合宴是否要比 1688 元的龙凤呈祥宴合算。当客人看到这个推荐菜单时，多数人会选择 1288 元的天长地久宴。

为什么会出现这种现象？生活中，多数人只有到了具体情境才知道自己真正想要的是什么。例如，我们想买羽毛球拍子，不知道买什么牌子的好。等我们见到了奥运冠军林丹为某品牌做的广告时才明确自己所要购买的。一切都是相对的，这是问题的关键。在心理学上可以把这种现象称为相对论现象。正如我们想订婚宴却不知订哪个好时，看到了推荐的 1088 元百年好合宴、 1288 元天长地久宴、1688 元龙凤呈祥宴。就像夜间，飞行员要着陆，需要跑道两边的指示灯才能确定飞机滑行轮落在地面的位置一样，而 1088 元的百年好合宴和 1688 元的龙凤呈祥宴就是指示灯。

在餐饮销售中，我们不难发现菜单上主菜的高标价尽管没人来点，却依然能够增加酒店的盈利。因为人们一般不会点菜单上标价最贵的菜，但有可能点排第二位的菜品。基于这个原因，酒店推出的高价菜，可以引诱客人点次贵的菜。

（三）免费的诱惑

如果你在海底捞等座，你将会享受到一系列免费的服务，可以享用诸多的免费小吃、饮料，甚至连美容业的修指甲，网吧的服务都可以在海底捞免费享用。海底捞把让人焦虑的等座变为一种享受。免费的东西让人感觉良好，这不是秘密。多数消费都有有利的一面和不利的一面，但免费使我们忘记了不利的一面。免费造成我们的情绪冲动，让我们误认为免费物品的价值大大高于它的真正价值。免费的东西让人感觉良好，所以在自助餐厅里，客人往往尽可能地往盘子里放食物，尽管他们已经吃到撑。

在竞争异常激烈的连锁火锅店行业，海底捞清醒地意识到，如果在拼口味或拼品质上难以建立特色时，唯一的选择是价格战。但由于餐饮业公司普遍规模较小的现状，“拼价格”只能是死路一条。因此，海底捞从免费服务入手，提供体贴入微的若干项免费服务。在消费者的印象中，“五星级服务”是达官贵人享受的特殊待遇，更何况是免费的“五星级服务”，这使得每一个经历了海底捞服务的顾客都在内心深处感到欠了海底捞感情上的债。

免费策略有着无限广阔的用途，餐饮企业不仅可以用做促销的手段，还可以使之成为创立特色的重要途径。而免费的是最贵的，因为无论身价亿万的富翁，还是身无分文的平头百姓，都具有“贪便宜”这种人性的弱点。不是买得起买不起的问题，客户需要的是一种感觉，一种心理上的满足。消费者在心理满足之后的决策，就不是由理智而是由情感来支配了。

（四）预期的力量

当你看到某餐厅主推一个写着“新鲜樱桃圣女果与脆嫩青菜杂拌，外带山羊奶酪片蓝莓酱汁周边”的菜品时，那种详尽深入的描述会引导我们对区区的西红柿色拉抱有非常大的期望，这种期望就增加了我们对这道菜品赞誉有加的预期。类似的做法不胜枚举，比如很多餐厅会在菜品或食材前加上一点“异国情调”，用“大约克猪猪肉”“汉普夏猪猪肉”代替“猪肉”。这种宣传方式中涵盖的信息，可以显著地改变消费者的预期，有效影响消费者的味觉判断。

另外，我们还必须注意外观展示的效果。顾客对于菜品档次与口味的判断，往往会受到盛放餐具的影响。一般来说，有品位的餐具会极大地提升菜品的质量。日餐对于器皿特别讲究，甚至做到了一菜一器。餐厅借助高价展示信号与适当低价格的结合来达到顾客的满意度，赢得口碑和回头客。高价信号包括奢华昂贵的装潢、宽大的皮沙发、厚地毯、深色木板、水晶餐具、员工工装，甚至也包括员工的长相。当顾客看到这些菜品高价的信号时，会自我推断为高质高价，但一看实际价格低于预期，就会觉得物超所值。

这种预期的力量源于客人对于饮食的求美动机。关于饮食，享誉中外的大画家张大千先生曾说过：“吃是人生最高艺术”。虽很夸张，但不无道理。中国人的饮食审美情趣，主要表现在食物形象、饮食环境、饮食器具、食物的香味等方面。求美动机是指重视商品或服务的审美价值和艺术价值，以美为着眼点的购买动机。在求美动机支配下，顾客选购商品或服务时，会特别重视商品或服务的颜色、造型、外观、包装等因素。对于求美动机，商家可采取撇脂定价策略，即把商品的价格定得很高，有如从鲜奶中撇取奶油，以攫取最大利润。

（五）特价优惠

经常去餐厅就餐的客人，可以估算出使用常见食材的烹饪菜肴的价格，但不会非常准确。为推介利润率高的菜品，餐厅往往会挂出“今日特惠”“特价优惠”“厨师推荐”“销售排行”等标牌。“特价优惠”之类标牌往往可以提高销量，原因是客人虽然不能确切地掌握这类特价菜品的真实价格，但他们会认为总有客人会知道。因此对于此类标牌的推荐是深信不疑的。

但是，特价优惠不能滥用。曾有统计，当 30% 以上的商品都打上“特价优惠”的标签后，这些商品的总销量反而下降了。频繁、过多地使用特价优惠策略势必会刺激消费者产生逆反心理。逆反心理是指作用于个体的事物超过了其所能接受的限度，而产生的一种相反的心理体验，是个体有意识地脱离习惯的思维轨道，而进行反向思维的心理倾向。如果顾客接受过多的餐厅特价信号，超过了所能承受的限度，势必会产生逆反心理。原本便宜的效果变为定价不准确的感觉。顾客会认为餐厅在有意识地利用人们的心理，从而对特价促销并不信任。

（六）“一国两制”

星级酒店的餐饮消费场所，主要是包厢和大厅，而大厅除举办会议宴、婚宴时，使用率一般很低。据统计，多数酒店大厅的三分之二营业时间为低运营状态，从而造成了资源浪费和运营成本过高。针对餐饮大厅生意忽冷忽热的现象，近来一些星级酒店推出了平价餐饮营销策略。具体做法如下：餐厅将菜品价格分为“高价”和“平价”两种，在包厢使用“高价”，在大厅使用“平价”，大厅餐饮毛利仅定在 35% 左右，比通常毛利率降低了 15%。

由于在大厅消费的客人普遍存在“求实惠”的心理，即希望以较少的货币获得较多的物质利益。虽然星级酒店大厅实施平价餐饮的营销策略，导致菜品利润不是很高，但总体还是增加了收入。同时客人在大厅享用了相对低价的食品、高星级的服务后会产生积极的评价，为酒店赚了人气与口碑。当然，每个人的评价标准不同，但是在菜品、服务质量等方面的基本要求是大同小异的。这种评价将会使“求实惠”的客人产生较多的消费盈余的感觉，从而影响其下一次的消费行为，甚至主动传播口碑进而影响到他人的消费行为。

同种菜品“一国两制”的定价模式，不仅仅限于酒店的大厅和包间，也可以适用于不同的时段，比如工作日与周末、中午与晚间，还可以表现在同一时间、地点对同一菜品设置不同的价格。

三、结论

经济学总是假设人是理性的，会自觉地按成本－收益原则来行事，绝大多数情况下也的确如此。但这个世界上还有大量用理性经济学原理无法解释的现象，正如本文所研究的人们在餐厅的非理性消费行为。行为经济学是从心理学的角度来解释人的行为，是心理学与经济学的结合。它对人类各种行为的解释比传统的经济学更微妙、更复杂，也更现实。

第七十二招　主动出击做行商

自 2014 年以来，媒体总是在谈电商对于实体门店的冲击。笔者认为原因是电商与实体门店相比有着先天的不足，第一，因为门店是实物展示销售，而电商只能采用形象展示。形象展示非常难于建立信任。第二，开办一个实体店难度大，要租房、招员工、铺货、培训等一系列的事情。开办一个网店却比较容易，有些电脑基础、甚至都不用缴纳费用就能开店。这种便利也促使了网店越来越多。但这就存在一个问题，这么多网店，怎么能让自己脱颖而出。为了实现电商收入，电商往往采用培育习惯、主动出击、加大曝光引流，也就是通过主动出击做行商来做生意。

实体店由于是实物展示销售，往往采用的是坐等客人上门的坐商经营模式。在电商的大力冲击面前，必须要把坐商变为行商。变为行商的主要途径，就是开辟直销渠道。在此附上笔者发表的一篇论文，《单体酒店拓展直销渠道的方法》，供门店经营者参考。

酒店经营是实体店经营中的一个主要类型，但中小酒店怎么能在各类型酒店巨头的夹缝中生存，除了酒店自身苦练内功外，本文将给出通过拓宽销售渠道，来获得更大市场的方法。

一、当前酒店营销渠道概述

（一）酒店渠道结构性问题

当今，国内绝大多数酒店的营销渠道非常传统：设置户外广告，与三公里内的公司签协议，依托旅行社，或者与携程、艺龙等网络渠道商合作。后两种渠道在带来客源的同时，存在着较大的弊病。旅行社是典型的锦上添花而少有雪中送炭。对于处在旅游城市的酒店而言，漫长的淡季让酒店苦不堪言。网络渠道商凭借庞大的终端用户资源和强大的话语权，能够获得较低的采购成本，但酒店仍需向网络渠道商支付 8% ～ 15% 的佣金。

（二）酒店与渠道商矛盾激化

由于缺乏对构建直销平台的关注和相应的构建能力，若干酒店过分依赖网络渠道商来推动销售，超过 10% 甚至 30% 的客源都由携程、艺龙等旅游电子商务网站提供。如果渠道分销商要求提高佣金或进行活动赞助，成员酒店基本会无条件接受。

例如，2010 年 3 月携程网高调推出“最低价赔付承诺”，被同行质疑是变相“剿杀令”，从而在行业内掀起一轮价格战。从艺龙直指携程的“比你贵，赔 3 倍”，到游易网直接返佣金的“自杀式袭击”，以及旅游垂直搜索引擎推出的“教你找到最低价酒店”等各种招数。由于自身直销平台缺失，渠道商之间的价格战最终由酒店供应商全部买单，这就造成酒店与渠道商矛盾激化。

（三）酒店渠道建设趋势——直销 + 分销

渠道分销商与酒店最初的合作不仅默契，还形成了一套标准的核算流程。渠道分销商引领的酒店分销模式发展了 10 年之久，在酒店的营销渠道中占据了相当大的市场份额。但随着分销渠道的集约化，中间利润的提升，许多酒店的收益无法保证。同时，由于大量客户资料被分销商掌控，酒店难以自主定价。

在网络预订渠道力量过于强势的情况之下，酒店只有构建复合型的销售平台，才能有效平衡对各类渠道成员的依赖程度，从根本上摆脱议价权被他人掌控的困境。国内的高星级酒店中，金陵酒店集团自主开发了中央预订系统（CRS）。金陵饭店 2008 年财报显示，该饭店 78% 的预订来自于自己的网络平台，平均入住率为 73%，平均房价为 660 元。仅上市公司一家酒店，网络平台的直销收入高达 8120 万元。若以常规 15% 的佣金计算，该平台节约的佣金金额达 1218 万元。

二、中型单体酒店直销营销策略

（一）中型单体酒店网络直销分析

酒店的独立预订正在形成潮流，尤其是经济型酒店，拥有网络预订平台成了该类酒店生存的必备条件之一。网络直销模式的优势主要集中在：去掉中间环节，免掉酒店的高额佣金，减少旅客的额外花费；顾客由于互动参与，可取得满意价位和个性化服务，酒店也可及时更新信息；另外，网络直销还可以节约人力成本。

但是，由于顾客对中型酒店及其直销平台缺乏信任，酒店直销竞争日趋激烈，且直销平台难与传统预订网站相抗衡，所以酒店网络直销存在一定劣势。

（二）中型单体酒店渠道建设策略

分销 + 直销，是比较适合中型酒店当前市场地位的一种途径，这是因为中型单体酒店既没有连锁酒店的规模优势，无法获得品牌带来的共享资源，也缺乏高档酒店长久经营所形成的品牌知名度和相对稳定的客源。中型酒店的先天条件，决定了“分销 + 直销”的渠道模式是比较可行的方式。

具体来说，淡季的时候，中型酒店可以较多地依靠分销渠道。因为对于酒店服务这种无法储藏的产品，只要利益允许，依靠分销就会给酒店带来更多的利润。而在旺季的时候，酒店应当启动直销渠道，投入更多力量发展直销客源。

（三）中型单体酒店直销策略——电话营销

投入和产出比，是中型单体酒店谋求直销份额，达到直销效果所需要首先考虑的因素。据研究，电话营销的平均费用只有现场销售的 1/10，其经济性是其他销售手段无法比拟的。采用电话营销的目的不单单只是节省费用，更重要的是增加销售。

电话营销是通过使用电话、传真等通信技术，来实现有计划、有组织、并且高效率地扩大顾客群、提高顾客满意度、维护顾客等市场行为的手法。电话营销一般包含两个方面：客人的问询——呼入，销售人员主动的电话推销——外呼。本文主要讨论酒店销售电话外呼。

具体做法可以参照保险、证券等机构的电话营销模式，比如组建电话营销小组。这个小组可以找一名有经验的酒店网络营销人员做领队，然后从全酒店把声音动听、善于电话聊天的员工组织起来，每人一台电话，并要求他们从网上采集陌生客户资料，每人每日打 80 个有效电话。

酒店从事电话营销，有着如下的优势：客户拒绝率很低，原因是酒店产品不同于其他行业的有形产品，在电话中，客户所受到成交的压力较低；电话营销的目标是商务人士，客户基本上都需要商务往来的酒店消费，且不分行业；再加上营销人员的声音动听，拒绝率往往比较低。酒店电话营销范围广，电话能打通的周边地区，都是酒店的潜在客户，这将极大地扩展传统的酒店销售方式。

（四）电话营销的误区

当前，电话营销尚存在观念和认识的误区：企业对电话销售人员的管理粗放和简单，认为电话销售代表凭着随机地打出大量电话，靠运气，靠个人关系，靠打折等非主流技术侥幸获得订单的现象大量存在。成功的电话营销应该使电话双方都能体会到电话营销的价值。

中型单体酒店在实施电话营销的过程中，要认识到电话营销不是简单的电话销售，要重视对产品的设计和市场分析。对于营销，强调的是：思路在前，行动在后；方案在前，实施在后；销售计划在前，销售总结在后。

在进行电话营销之前，酒店销售人员必须对潜在客户的基本情况做一定的了解，从而确认哪些客户是有可能也有必要争取的。在电话沟通中把酒店的服务特色与产品特色沟通清楚即可，不要奢望一次电话营销就能实现电话销售。电话营销人员必须明确的是，成交客户不是被说服的，而是正好有需求或者潜在需求被激发的。对于有意向的客户，再选择登门拜访或邀请来店体验、考察等。总体而言，酒店单纯靠电话来和客户达成协议，目前来讲还是很困难的。但是，酒店的销售业务离不开电话，好的酒店销售人员总是能够打出高质量的呼出电话，并让呼出电话成为整个销售中重要的一环。

三、结论

直销与分销模式本身无可厚非，都是帮助酒店实现客房销售的有效途径。在网络预订渠道过于强势的现状之下，中型单体酒店只有构建复合型的销售平台——分销 + 直销，才能从根本上摆脱议价权被他人掌控的局面，并且实现打造自身品牌的目标。

本文中笔者比较推崇电话营销这种积极开辟市场的方式。这种方式不仅可以拓宽销售渠道，还可以培养企业自己的营销人才。作为电话销售，不但需要了解顾客、了解产品、了解公司，还需要极强的应变力、心理抗压能力、沟通力。如果能够胜任电话销售，完全可以胜任一名优秀的导购。